コースで
恥をかかない
ための

# スタイリッシュゴルフ
# Stylish Golf
Manners & Rules
# マナー&ルール読本

ゴルフライター 魚住 了 Uozumi Ryo

PHP

**●本書をお読みいただくうえでの注意点――**

＊本書は、ゴルフ技術の上達は主眼にしておりません。手っ取り早く上手くなりたい人は、レッスン書の類を読むことをおすすめします（ただし、本書にも、上達のためのヒントは随所にちりばめてあります）。

＊本書は、プライベート、いわゆる遊びのゴルフを想定しています。これだけ読んで競技会に出ようなどと思わず、ルールブックやルール解説書をしっかり読んでください。

＊同様に、接待ゴルフも想定していません。「無理が通れば道理が引っ込む」という要素を含む接待ゴルフでは、本書でいうところの「正」が「悪」になることもありますので、十分にご注意ください。

＊ゴルフにおける「クラブ」という言葉には、(1)ボールを打つ棒状の道具、(2)ゴルフを楽しんだり、競ったりするのを目的に集まった人びとの団体、という2つの意味がありますが、本書では便宜上、前者を「クラブ」、後者を「倶楽部」と表記します。

＊「マナー」という言葉は、本来、「方法」「態度」という意味であり、「行儀作法」をあらわすには「マナーズ」と複数形にすべきですが、本書では便宜上、どちらも「マナー」と表記することとします。

＊本文中の太字で、＊を付した言葉は、巻末「用語解説」を参照してください。

●はじめに

# スタイリッシュ・ゴルファーへの道

あなたはゴルフが好きですか？

この本を手にとってくださったのですから、おそらく多少なりともゴルフに興味がおありなのだと思います。

しかし、あなたが、いまからゴルフを本格的に始めようとするビギナーであるなら、ゴルフの技術と同様、あるいはそれ以上に、その習得に向けて努力しなければならないものがあります。

コースデビューしようとするあなたのような“小羊たち”の前に立ちふさがる壁、その１つがルールです。ゴルフには、ルールブックだけでなく、裁判の判例集のような『ゴルフ規則裁定集』なるものまで存在します。

そのうえ、審判も存在しないゴルフでは、ビギナーだけでつつがなくラウンドプレーするのは、かなりの困難がともなうといえるでしょう。

そして、ビギナーがゴルフに対して感じる壁の最たるものが、マナーであり、エチケットです。競技会とは違う、いわゆるプライベートのゴルフでは、ときにはルール以上に、マナーやエチケットをマスターし、実践できるかどうかが重要であり、その習熟度が、ゴルファーのみならず人間としての評価や印象を決めてしまうといえます。

「18ホールも一緒にプレーすれば、19年間職場で一緒に過ごすよりも、敵について多くのことがわかるだろう」

これは、アメリカのゴルフ評論家の草分け的存在であるグラントランド・ライスの有名な言葉です。

マナーの悪さは、知らず知らずのうちに、ほかのゴルファーのプレーの妨げとなり、周囲を不愉快な気分にさせます。そんな人は、他人から疎んじられ、次のゴルフにはきっと声をかけてもらえなくなるでしょう。のみならず、日ごろの人間関係にも悪い影響をおよぼしかねません。

もう1つ、ウンチクの傾けついでにいいますと、イギリスのエッセイスト、バーナード・ダーウィンの言葉に、「ゴルフほどプレーヤーの性質があらわれるものはない。しかもゴルフでは、それが最善と最悪のかたちであらわれるのだ」(摂津茂和訳）というものがあります。

なんだかお酒と似ていますが、お酒は飲むのを我慢すればメッキははがれませんが、ゴルファーはゴルフをしないわけにはいかず、偽善者はすぐに化けの皮がはがれてしまうのです。

こうした警句は、審判がいないゴルフでは、ルールはもちろん、マナーをはじめとしてすべての振る舞いに自分自身が責任をもたなければならないことを意味しています。

しかし、日本で出版されているゴルフ関連の本をみてみると、多くは上達するための技術書、いわゆるレッスン書の類であり、ルールについて解説した本はあまり多くありません。マナーやエチケットに関連する本にいたっては、ほんとうにごくわずかというのが現状です。

本書は、ほかのゴルフ関連書籍ではあまりふれられていない、しかし実際にゴルフコースでプレーするためには欠かすことのできないマナーやエチケットなどの“不文律”を中心に解説することをめざしたものです。

そのほか、ゴルフには、スラングをはじめ、それを知らないとスムーズにプレーできない決まりごとや振る舞いが数多く存在しますが、それについて書かれた本もほとんどありません。

その理由は、おそらく、「やっていくうちに自然と身につくものだから」ということなのでしょうが、そうした点についても、本書では積極的に取り上げ、ビギナーにとって実用性の高いつくりを心がけました。

さらには、上級者がラウンド中にみせる、いかにもプレーなれしているように思わせる粋な言葉づかいや動作についても、できるかぎり解説しています。自分はまだ下手だからと謙遜せず、「かたちから入る」ことで、外見からもワンランク上のゴルファーをめざしてください。

たとえゴルフの技術は高くなくても、周囲から尊敬されるゴルファーにはなれます。それは、ルールやマナー、さらには周囲を気分よくさせる振る舞いを心得た人といえます。そんな人を、本書では「スタイリッシュ・ゴルファー」と呼ぶことにします。

数あるスポーツのなかでも、ゴルフにおいてマナーが重要視されるのは、マナーがないがしろにされればゴルフというゲームが成り立たないからです。マナーを覚え、スマートに振る舞うことは、スタイリッシュ・ゴルファーの必須条件とも申せましょう。

さあ、みなさん、本書を読んで、スタイリッシュ・ゴルファーをめざそうではありませんか。

2005年4月

魚住　了

## 目次 スタイリッシュ・ゴルフ　マナー&ルール読本

## Chapter4 ティイングググラウンド——編

## Chapter 5　フェアウェイ――編

## Chapter 6 トラブル——編

## Chapter 7 グリーン──編

# Chapter 1

# エントランス｜編

# コースにはスタートの1時間前に着いておこう

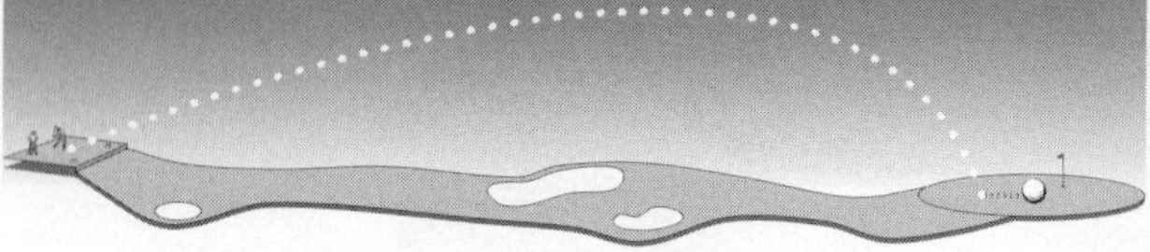

## ●ゴルフ場では心の“ゆとり”が不可欠

ゴルフにおけるタブーの1つが「遅刻」です。事前にプレーの予約をし、複数でプレーするのが一般的なスタイルであるゴルフでは、遅刻をすると自分の仲間はもちろん、ほかの組のプレーヤーやゴルフ場にも多大な迷惑をかけてしまいます。ゴルファーたるもの、絶対に時間を守らなければなりません。

では、コースには、スタート時間のどれくらい前に着けばいいのでしょうか。一般的には「1時間前」というのがおすすめです。なぜ1時間前なのか、スタート時間から逆算して考えてみましょう。スタートホールでは、ティアップする前に、打順を決めたり、クラブの本数の確認（キャディがつく場合）をしたりといった作業があります。それを考えると、スタート時間の10分前にはティインググラウンドに到着しているのが理想です。

そして、パッティング練習に10分、ショットの練習に20分、トイレと着替えで15分、受け付けに5分と考えると、これでちょうど1時間。練習場がホールから離れたところにある場合には、その時間も考えなければなりません。

また、コースに着いてから朝食をとったり、お茶を飲んだりする場合には、さらに30分は余計にみておく必要があります。

ゴルフはメンタルな面が大きくプレーに影響するスポーツです。心にゆとりがあればプレーに集中できますし、冷静な判断が下せます。ビギナーであればなおさら、時間に余裕をもって行動することが大切といえるでしょう。

### ●ゴルフ場にはどんなに早く着いてもOK

多くの人にとって、ゴルフは休日にするものです。休みの日にすこしでも長く寝ていたい気持ちはわかりますが、ゴルフに行く以上、割り切って早く起きましょう。コースに早く着く分には、どれだけ早く着いてもかまいません。

早く着きすぎると、「なんだあいつ、やけに張り切ってるな」と他人から思われてイヤだという心理が働くかもしれませんが、ゴルフではそんな心配は無用。仲間がみんなそろっているところに遅れていって目立つことでプラスの効果があるのは「合コン」だけです。

遅刻してコースの人にカートに乗せてもらい、途中のホールから合流、などという恥ずかしい事態はなんとしても避けねばなりません。ちなみに競技会の場合、スタート時間に5分以上遅れると、その時点で失格となるのが一般的です。

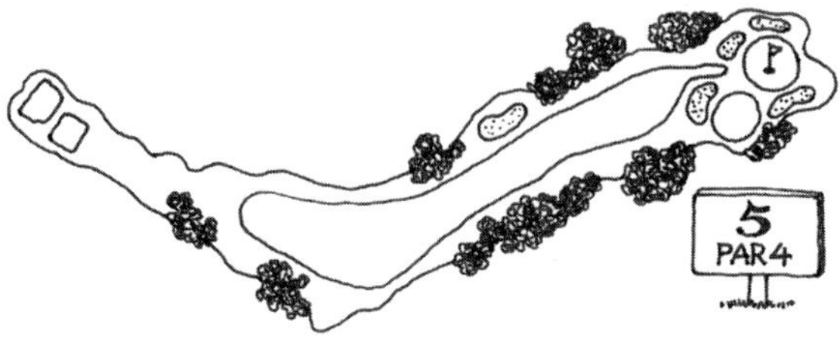

# キャディバッグを担ぐときは口枠を前に向ける

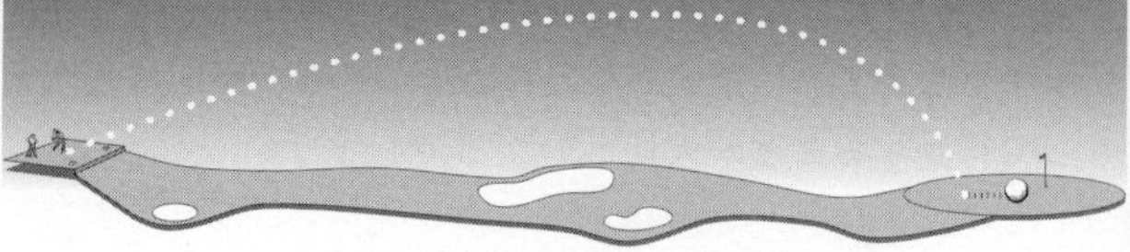

**●荷物を降ろすときは必ず手伝おう**

多くのゴルフコースでは、玄関前にクルマで乗りつけると、コースの係員やキャディ（ほんとうは感謝の気持ちと親しみを込めて「キャディさん」と書きたいところですが、このあとひんぱんに使うため敬称は略します。キャディのみなさん、ごめんなさい）が出迎えてくれます。あなたのキャディバッグや荷物をクルマから降ろすためです。

このとき、必ず自分も運転席から降りて、「おはよう」「おはようございます」と挨拶を返しましょう。そして、仲間のキャディバッグなど、荷物をたくさん積んでいる場合には、降ろすのを手伝うようにします。運転席に座ったまま、あるいはクルマから降りても、「よし、ご苦労さん」という態度で作業を眺めるのはやめましょう。

ゴルフにおける「スタイリッシュ」には、「さわやか」という言葉が含まれると考えてください。それを実践するには、きびきびと軽やかに動き、“好青年”のイメージで振る舞うことを心がけます。これは、たとえあなたが中年、熟年、老年であっても同じです。

また、クルマでコースに行く場合、自分のキャディバッグを担いで歩くという場面はまずありませんが、担ぐことになったときに注意したいのが、その担ぎ方です。

ビギナーに多くみられるのですが、キャディバッグのベルトを肩にかけるとき、バッグの口枠を進行方向後ろに向けてもってしまう人がいます。これは、担ぎなれていないのがすぐわかるだけでなく、とても間抜けにみえてしまいます（「オヤジ担ぎ」という呼び名もあるようです）。

キャディバッグの口枠は必ず前に向け、右手（左肩の場合は左手）で上から押さえるようにするとサマになります。

## ●フードを外すときはTPOをわきまえる

宅配便で送る場合などを除いて、キャディバッグのフードはいつも外しておくと、いかにも場馴れしている感じを演出できます。カバーを外しておくことで、「ゴルフは腕だ。俺は道具には頓着しないのさ」というゆとりを周囲にみせられ

るからです。
　また、フードを外しているゴルファーには、「クラブをみせびらかしたい」という心理も働いていると思われます。買ったばかりと思しきピカピカのアイアンがむき出しになっている場合などは、これにまちがいないでしょう。
　ただ、新品のクラブをむき出しにすると、盗難に遭うスリルに耐えなければならないのですから、見栄を張るのも楽ではありません。盗まれるのがイヤなら、フードはかけておきましょう。
　それに、いくらむき出しのクラブが“通”にみえるからといって、TPOをわきまえなければなりません。
　満員電車に乗っていて、なんだか背中にゴツゴツしたものが当たって、「痛いなぁ」と振り向いてみたら、学生ゴルファーのキャディバッグからアイアンのヘッドが出ていた、などという話も耳にします。学生はいかなる場合でもフードをしないことに意固地になっているフシがあります（あるいは、たんになくしてしまったのかもしれませんが）。
　学生ならまだかわいげがありますが、大人であるあなたは、そんなはた迷惑なことをしてはいけません。やむをえずキャディバッグをもって電車に乗るときには、さすがにフードはかけましょう。

# 「ジャケット着用」でも紺のブレザーにこだわらない

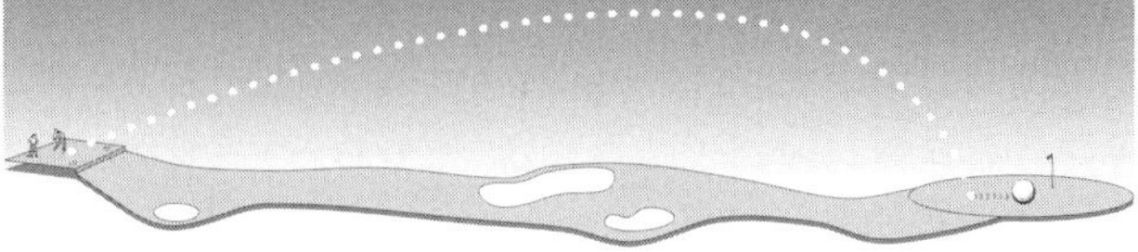

## ●ジャケット着用の有無は必ず確認しよう

クラブハウスの玄関には、「クラブハウスではジャケットを着用してください」という看板が立ててあることがあります。看板のないところでも、プレーヤーにジャケット着用を義務づけているゴルフコースは多いもの。

とくに服装がきびしく規定されている名門と呼ばれるコースでは、ジャケットを着ていないと門前払いにされることもあるようです（ただし、酷暑の7月、8月は除外することが多い）。

日本全国でプレーしているゴルファーの何人かから話を聞いての印象ですが、西日本のほうがジャケット着用の看板も着用している人も多く、東日本のほうが、看板がある率、ジャケット着用率ともに低いようです。

なぜ、スポーツをしにきたのに、ジャケットを着なければならないのか。その理由としては、クラブハウスが社交の場であること、会員制のゴルフコースでは上着の着用が会員間の最低限のエチケットであること、などがあげられます。

リゾート地にあるコースに、ジャケットは馴染まない気がしますし、**パブリックコース***では必ずしもジャケットを着る必要はないと思われますが、コース側が義務づけている場合には、やはり着用しなければなりません。それに、ビジター*として会員制のコースに行く場合、あなたは“プレーさせてもらう”立場ですから、そのコースのルールに従う必要があるのです。

はじめてプレーするコースがジャケット着用を義務づけているかどうかわからないときには、とりあえずクルマに1着積んでいくといいでしょう。

余談ですが、プレーなれした人でも、はじめてのコースでしてしまいがちなのが、支払い時にクレジットカードが使えず、現金の持ち合わせもなくて、友人にお金を借りるというミス。つねに財布がお札で膨らんでいる人は別として、そうでないなら、カードが使えるかどうかを前もって調べておくことをおすすめします。

### ●ジャケット選びは柔軟に

ゴルファーのなかには、「ジャケット＝紺のブレザー」と考えて、ゴルフに行くときはいつも紺ブレを着ている人がいますが、あれはおすすめできません。

たしかに、高校や大学の体育会ゴルフ部、あるいはコース主催の競技会などでは、紺ブレに革靴というのがユニフォームのようですが、遊びのゴルフでブレザーを着るのは、いかにも型にはまりすぎています。ジャケットはその日の服に合わせて柔軟に選びましょう。

吉田茂首相（当時）の側近として、戦後処理に関してGHQ（連合軍総司令部）と互角に渡り合い、後に電力会社の役員などを歴任した故・白洲次郎氏は、みずからが理事長を務めた「軽井沢ゴルフ倶楽部」で、ゴルファーにジャケットの着用を禁じました。これは、彼がゴルフを覚えたイギリスのリゾート地のコースに倣ったものでした。

ほかにも、白洲氏のゴルフにまつわるエピソードは豊富にあります。T首相がプレーしたいというのを、「日曜はビジターお断り」という原則を貫いて断ったり、N首相が連れてきた護衛の入場を拒否したり。

また、駐車場に運転手を呼び出す拡声器が欲しいという要望には、「運転手を待たせてゴルフする奴なんか、ゴルフをする資格はない」とけっして許可しなかったといいます。会員は平等で、上下はない。ゴルフに「品位」は必要だが、「権威」は不要、とでもいいましょうか。

あなたがスタイリッシュなゴルファーをめざすなら、ぜひこの精神を実践したいものです。

# ゴルフウェアを街なかで着るのはみっともない

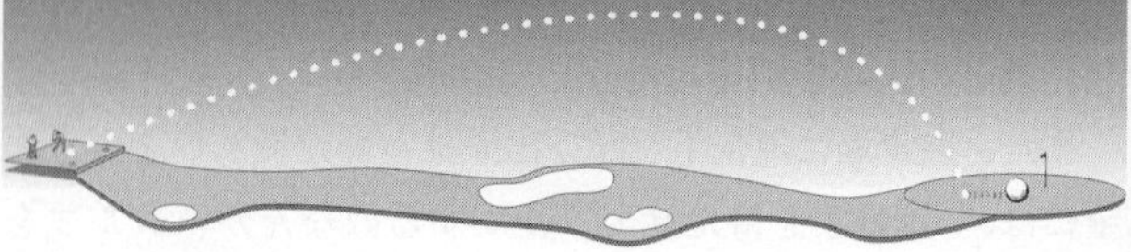

## ●ゴルフコースにはどんな服装で行くか

朝の忙しい時間を有効に使おうと思えば、その日のラウンドで着るゴルフウェアの上にジャケットを羽織るのがいいのかもしれません。

コースに着いたら、ジャケットを脱いで、靴をゴルフシューズに履き替え、キャップでもかぶれば準備は完了です。

ただし、家からゴルフウェアを着ていっていいのは、自分のクルマで行くか、仲間に自宅まで迎えにきてもらえる場合だけだと考えてください。

早朝の都内、とくに週末や祝日ですが、幹線道路をクルマで走っていると、道端にキャディバッグをもって立っている人をみかけることがあります。

なかでも、環状８号線を東名高速・東京インターチェンジ方面に曲がってすぐのところにあるハンバーガーショップ周辺は、ゴルファーが仲間のクルマにピックアップしてもらおうと夜明け前から待っている場所としてつとに有名です。

奥さんの運転するクルマかタクシーでやってきて、そこで仲間にピックアップしてもらい、神奈川や静岡方面のコースに繰り出すわけです。

そんなクルマ待ちゴルファーが、キャディバッグを携えているのはしかたないとしても（できることなら、電柱の陰にでも隠しておきたいですね）、いかにもこれからゴルフに行ってきますという服装で街角に立っているのはおしゃれとはいえません。明らかに浮いていて、通りすぎるクルマのドライバーに笑われていることでしょう。

そのときすでにゴルフキャップをかぶっていようものなら、目も当てられません。恥ずかしいにもほどがあります。街なかでクルマ待ちをする場合には、ゴルフウェア以外の服を着るように心がけましょう。

## ●プロでもアマでもジーンズは御法度

このときの服装で避けなければいけないのは、カジュアルすぎる服です。たとえば、上半身はＴシャツやノースリーブ、下半身はジャージやジーンズ、短パンなどでクラブハウスに入っていくのは、どんなコースであってもくだけすぎです。靴も、スニーカーやスポーツサンダルはやめましょう。

じつは、プロトーナメントの練習日に行くと、コースへの行き来のときにジーンズをはいているプロをときどきみかけます。彼らにすれば、プレーをしていないときは「オフ」なのだからという意識があるのかもしれませんが、ふだんの営業日にアマチュアが同じことをすれば、まちがいなくコースから注意されます。入場を断られることさえあるでしょう。

プロに注意をしないコース側にも問題はあると思いますが、ゴルフという紳士のスポーツを生業にしている以上、プロはどんなときでもアマチュアの手本になるべき。みなさんは、けっして真似をしてはいけません。

# 事物にその名を遺す偉人たち

知らなくてもゴルフはできますが、知っていればゴルフがもっとおもしろくなるでしょう。

**◉ハリー・バードン（イギリス、1870〜1937）**

19世紀終わりから20世紀はじめにかけて、全英オープンを史上最多の6回制した名手。今日のグリップの主流であるオーバーラッピンググリップは彼が普及させたため、別名「バードン・グリップ」と呼ばれる。アメリカのプロゴルフツアーの年間平均ストローク第1位に贈られる「バードン・トロフィー」も彼の名を冠したもの。

**◉ボビー・ジョーンズ（アメリカ、1902〜71）**

「球聖」と呼ばれた史上最強のアマチュア・ゴルファー。1930年、全米アマ、全英アマ、全米オープン、全英オープンのすべてを制する年間グランドスラムを達成し、28歳の若さで引退。その後、故郷のジョージア州に「オーガスタナショナルゴルフクラブ」を設立し、1934年、現在の世界4大競技（メジャー）の1つである「マスターズトーナメント」をスタートさせた。

**◉ジーン・サラゼン（アメリカ、1902〜99）**

現在の世界4大競技（マスターズ、全米オープン、全英オープン、全米プロ）のすべてに優勝した、はじめてのプロ。サンドウェッジの考案者。オーガスタナショナルゴルフクラブの15番ホールの池に架かる橋は、彼が1935年に**アルバトロス***を達成してマスターズを制したことを記念して「サラゼン・ブリッジ」と呼ばれるようになった。

**◉サミュエル・ライダー（イギリス、1859〜1936）**

イギリスの種子商人。1927年、イギリス＆アイルランドチームとアメリカチームによって争われたプロ対抗戦に金製カップを寄贈。これが現在、ヨーロッパチームとアメリカチームのあいだで2年に一度開催される「ライダーカップ」の始まり。

**◉チャールズ・ヒュー・アリソン（イギリス、1882〜1952）**

コース設計家。1930年に来日し、東京ゴルフ倶楽部朝霞コース（現存せず）、廣野ゴルフ倶楽部（兵庫県）などを設計。日本で、縁が突き出た深いバンカーをさす「アリソンバンカー」という呼称は、発案者である彼の名前を冠したもの。

Chapter 2

# ロッカールーム｜編

# ブランドファッションの落とし穴

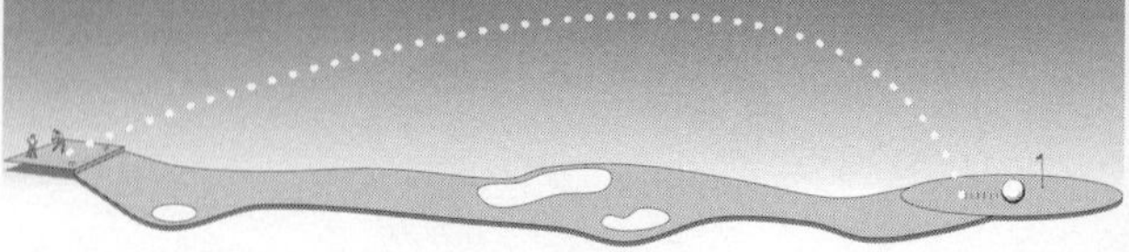

## ●ロゴはせめて２つくらいに絞ろう

どんなゴルフウェアがスタイリッシュなのか。これについては、個人の価値観にかかわるため、ふれることはしません。コーディネートや色づかいの考え方は、ふつうのファッションを参考にしていただければと思います。ただ、ゴルフウェアを着こなす際に、これだけは注意したいという点はいくつかあります。

１つは、長袖のシャツです。タートルネックであればさほどではないのですが、襟がレギュラーカラー（またはワイドカラー）の場合、タイガー・ウッズ（➡p.46参照）のように長身で腕も長いとサマになるものの、腕の短い日本人が着ると、どうも間延びしてみえてしまいます。そこで、レギュラーカラーの長袖シャツを着用する場合には、ベストを合わせるとセンスアップした印象を与えることができます。

もう１つは、ロゴマークに関してです。ゴルフウェアの多くは、いわゆるブランド商品であり、ロゴマークが入ったものが少なくありませんが、その着こなしを誤ると、せっかくお金をかけたファッションを台なしにしてしまうことがあるのです。

多くのゴルファーがキャップ（またはサンバイザー）をかぶ

る最近では、上からキャップ、シャツ（またはセーターかベスト）、グローブ、シューズとロゴが入ったアイテムを身につけることになりますが、それらがすべて違うブランドだったりすると、とても滑稽にみえてしまいます。

かつては、中年ゴルファーというと、ファッションに無頓着というイメージが一般的でしたが、最近ではコーディネートなどの点で、若者と同じようなこだわりがみてとれます。しかし、なかに“ブランドのデパート”と化してしまっているゴルファーがいるのは惜しいかぎりです。そうならないよう、ロゴはせめて２つくらいまでに絞るか、ブランドがわからないようなアイテムを身につけるといいでしょう。

また、すべてのアイテムを１つのブランドで統一しているのも、それはそれでスタイリッシュにみえません。プロゴルファーの場合には、キャップからシューズまで同じメーカーと契約し、ブランドは１つだけというケースも少なくありません。しかし、アマチュア・ゴルファーが同じことをすると、やりすぎの感が否めません。

実際にそういう服装をしている人は、「俺はゴルフ業界の人間だ」あるいは「メーカーと近しい関係にある」ことをアピールしたいようですが、周りは「それがどうしたの？」と反感を抱くだけで、うらやましさはまず感じていないことを覚えておきましょう。

### ●服装から入るのもゴルフ上達の第一歩

ゴルフには、「ニッカーボッカーズ」という伝統的なファッションスタイルがあります。これは、ひざ下くらいの丈のズボンをはき、そこでスソを絞り、長いソックスをはくスタイルで、登山者や建設現場で働く人も着用するもの。ゴルフでこれを着るのは、芝がぬかるんでいるときに、ズボンのスソが泥だらけになるのを防ぐのが本来の目的だと思われますが、それとは別に、万一、ポケットが破れても、なかに入れていたボールがズボンの内側を通って地面まで落ちるのを防ぐ、という役割も果たします。

ゴルフには、ラフに打ち込んだボールがみつからないとき、わざとポケットに開けておいた穴から別のボールを落とし、「あったー！」と周りにアピールして、ほんとうにみつかったかのように振る舞うという悪名高いごまかしのテクニックがあります。それができないニッカーボッカーズは、フェアプレーを体現したファッションといえるでしょう。

アマチュア・ゴルファーにも、このスタイルでプレーしている人をときどきみかけます。ビギナーのあなたが着ると、周りは「ファッションに気をつかうより、もっと練習しろ」と思っているかもしれません。

たしかに、「見かけ倒し」ほどみっともないものはありませんが、ことゴルフにかぎっては、ビギナー向けの道具はあっても、服装というのは見当たりません。ファッションではなく、プレーや言動で自己主張を、という考え方もありますが、いっぱしのゴルファーにみえる服装を整え、それを励みに上達をめざすのも１つの方法です。

このほか、ゴルフならではの特殊な服装として、レインウェアはつねに用意しておくべきです。また、たっぷり汗をかく真夏には、プレー用のウェアを２パターン用意していき、午前と午後で着替えるといいでしょう。それは、「汗で濡れたままで冷房の効いたクラブハウスにいると風邪を引く」という健康への配慮もありますが、「汗臭いのは周囲に迷惑だから」という理由もあります。

# ショートパンツをはいたときのソックスは?

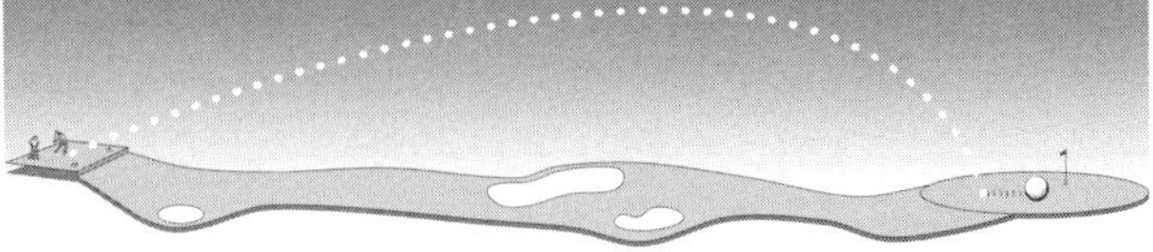

## ●長いソックスをはくようになった理由

夏場やリゾートコースでは、男性でもショートパンツ、正確にはひざくらいまでの丈のズボンでプレーする人の姿がみられます。

ショートパンツを着用するときに問題になるのが、「ソックスの長さ」。日本では、ひざくらいまでの長さのもの(それも色は白と相場が決まっています)をはくのが一般的と考えられてきました。ショートパンツを着用しても、長いソックスをはくことで足がほとんどみえないようにするのです。

その理由は、「男性にはスネ毛があり、それが人目にふれるのはみっともないから」ということのようですが、実際にこの格好をしている男性は、どんなに上手くても、「どこかヘン」にみえてしまいます。

じつは、長いソックスをはくのは日本人ゴルファーだけ。ゴルフジャーナリストで、コース設計家でもある金田武明氏によると、多くのコースが設けている「ショートパンツには長いソックスを」という規定は、1980年に、ある県のゴルフ場支配人会で決定されたものが、なんの根拠もなく日本全国に広がったのだそうです。ちなみに、ニッカーボッカーズを着用する際にもはく、一般に「長いソックス」と呼ばれているものも、「ホース」というのが正しい名称です。

### ●コースを選ぶか、ファッションを選ぶか

ゴルフのルールブックには、服装に関する規定は書かれていません。そのため、各ゴルフコースがプレーにふさわしい服装を規定していて、なかにはホームページなどでイラストを使って解説しているコースもあります。

しかし実際には、服装に関するルールはあってないようなものです。それが有名無実なのは、女子プロゴルファーをみればわかります。彼女たちのなかには、ゴルフでは御法度なはずのノースリーブシャツを着てプレーする人がいます。

シャツも、パンツやスカートに入れるべしというのが数年前までの暗黙のルールでしたが、いまでは多くのプロが“チビT”のような短い丈のシャツを着て、スイングするたびにかわいいヘソをギャラリーに披露します（少なくとも女子プロゴルフ協会は「ヘソ出し禁止令」は出していません）。

また、これは男子にも共通していますが、かつてゴルフでは襟のないシャツはタブーでしたが、いまでは、Tシャツの襟をほんのわずか立ち上げただけのものがゴルフウェアと銘打って販売されています。これは、はっきりいって、見た目はTシャツと同じです。

問題の長いソックスについても、かつては女子のトーナメントでは着用を義務づけられていましたが、いま、そんな格好をしている選手は1人もいません。足首までの「アンクルソックス」が一般的になっています。

男性のアマチュアをみても、ショートパンツのときには、アンクルソックスをはくのが当たり前の光景になっています（ただし、なぜか男性プロは試合ではショートパンツをはきませ

ん）。

このように、ゴルフウェアは何でもあり状態なのであって、あえていえば、「だらしなくないもの」「清潔なもの」というのが、ルールであり、エチケットなのです。

あなたがプレーしたいコースがあって、その倶楽部に服装に関する会則があるなら、それに従うほかありません。服装について明記されていなければ、自分の着たい服を着ればいいでしょう。ソックスの長さも同様です。

それで注意を受けた場合はどうするか。それでもそのコースでプレーしたければ規則に従うまでですし、そのコースでのプレーよりも、ファッションにこだわりがあるなら、その服装でプレーできるコースを探せばいいのです。

# キャディバッグはスリムでスタンド付きがカッコいい

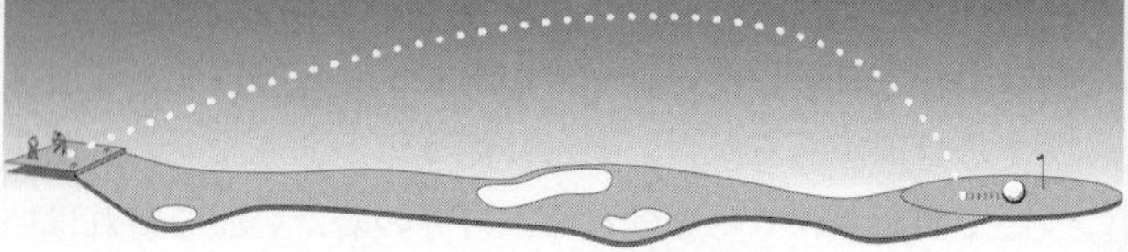

### ●大きなキャディバッグをもつのは野暮

ゴルファーが使う道具のなかで、その人のセンスが如実にあらわれるもの、それがキャディバッグです。

コース内では、スタート前や昼の休憩時、帰り際のバッグ置き場など、キャディバッグは持ち主であるあなたと離れて動き、他人の目にさらされます。あまりにも古かったり、汚れていたりするのは論外としても、注意したいのが「サイズ」です。

かつてキャディバッグは、「大きいほどカッコいい」といわれた時代がありました。プロゴルファーは口径（外周）が軒並み10.5インチ（約27センチメートル）という大型のキャディバッグをもっていて（担ぐのは、「帯同キャディ」と呼ばれる専属キャディですが）、バブルのころはアマチュアもこぞってその真似をしました。

クラブがフルに入っているときに倒そうものなら、小柄な女性キャディは起こすのにひと苦労（まるで750ccのバイクみたいですよね）したほどです。

しかし、ゴルフにおいて、そんな「重厚・長大」がもてはやされる時代は過ぎ去りました。中部地区のゴルフ場では、キャディバッグとクラブの総重量が20キロを超えた場合には追加料金を課し、それが全国に広まってキャディバッグの大型化に歯止めをかけたともいわれます。

バッグで貫禄や財力をみせつけるのは、いまや野暮なのです。プロがいまも大きなキャディバッグをもつのは、彼らにとっては契約先の社名などを入れる広告媒体だからです。あなたがゴルフ業界の人間でもないかぎり、大きなキャディバッグをもつのはおすすめできません。

バカがつくほど大きなバッグは、省エネ、省スペースという世の流れにも逆行するものですし、同伴プレーヤーにも迷惑をかける可能性大です。

## ●いざとなれば自分で担いでラウンドできるものを

スタイリッシュなゴルファーをめざすなら、キャディバッグは、「自分で持ち運ぶのに不自由しないもの」という基準で選びましょう。

スリムでスタンドのついたタイプ（「セルフバッグ」という呼称は死語のようです）を使うのもいいでしょう。これは、かつてはプレーヤー自身が担いでラウンドするための特殊なもので、おもに学生ゴルファーが使っていましたが、いまは一般のアマチュア・ゴルファーのあいだでもファッションの1つとして定着し、一大勢力になっています。

スタンド式のキャディバッグではポケットが足りないという人がいるかもしれませんが、それはムダなものを入れすぎ。さわやかさをアピールするためにも、キャディバッグはスリムにいきましょう。実際にすることはなくても、いざとなれば自分で担いでラウンドできるくらいのフットワークのよさをみせたいものです。

また、キャディバッグといえば、プライベートコンペの賞品の定番ですが、7万5000円を超える価格（小売価格）の賞品や記念品を受け取ると、ゴルフ規則が定めるところの「アマチュア資格」を失います。いずれ競技会に出場しようと考えている人は、高額すぎる賞品は受け取りを辞退しておくのが無難です。

なお、タイガー・ウッズの影響でしょうか、最近は動物のヘッドカバーを使う人がふえ、いまは犬のリアルな顔のものが流行っていますが、あまり感心しません。女性がもつのはご愛嬌だとしても、男性、しかもそれなりの腕前の人が使っているのをみると、周りは“引いて”しまいます。

とにかくこれからのゴルフでは、余計な装飾を施したものは流行らないのだと心得ましょう。

# 自分が使うゴルフボールは必ず同じ銘柄でそろえる

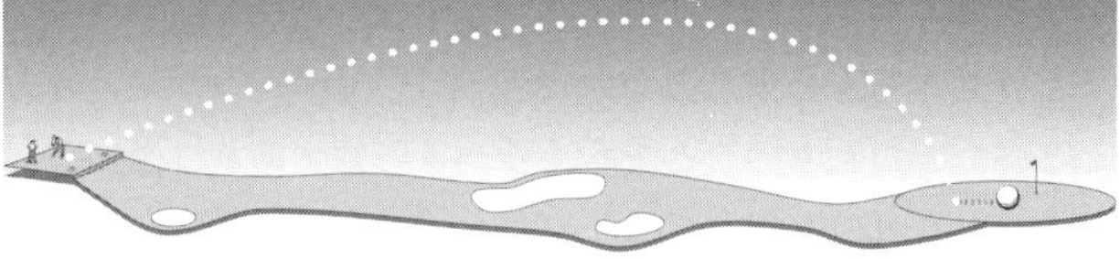


### ●バラバラのボールを使うのは「だらしない人」

あなたにどんなゴルフクラブ（ここでは道具のことです）が合うのかについては、ここで書ききれるものではないので割愛しますが、ボールについては、スタイリッシュなゴルファーを演出するためにいくつか気をつけてほしいことがあります。

まず1つは、ボールの銘柄を統一するということです。ビギナーのなかには、もっているボールのメーカーや銘柄がバラバラという人をみかけますが、あれはいただけません。クラブの場合、番手によってメーカーを変えるのは、それなりの理由があるようにみえるものですが（別に理由などなくてもです）、ボールがバラバラなのは、たんに「だらしない人」としか思われません。

まだボールにまともに当たらない超ビギナーが、「どうせすぐになくしてしまうから」と、**ロストボール***を使うのはしかたがないとしても、スタイリッシュなゴルファーをめざすあなたはやってはダメ。ボールの銘柄は必ず統一してください。

タバコやビールがどれも同じではないように、ゴルフボールも銘柄が違えば性能も違いますから、同じように打っても飛距離やフィーリングなどが変わります。「プロじゃないんだから」と謙遜する人もいますが、ボールを交換したがために、アプローチショットやパッティングの距離感が狂えば、アマチュアでも影響は少なくないでしょう。

どうせきちんと当たらないと思っていても、万が一、きちんと当たったときのことを考えるべき。備えあれば憂いなしです。ちなみに競技会では、プロ、アマを問わず、1ラウンドを同じ銘柄のボールでプレーするのが一般的です。

**●ボールに自分なりのマークを書き込む**

新品のゴルフボールは、2個または3個入りの箱（「スリーブ箱」といいます）が販売の最小単位で、同じ箱には同じ番号のボールが入っています。

ですから、買った箱のままラウンドにもちだすと、たとえば**OB***だと思って打ち直したような場合、落下地点に行ってみたらOB杭の内側にボールが2つあり、両方とも同じ番号であるために、どちらが打ち直したボールなのかわからない、ということにもなりかねません。

それを防ぐには、もう1箱買って、違う番号のボールを交互に使うのがいいのですが、もう1つの方法としては、ボールに自分なりのマーキングをするのも有効です。

プロゴルファーやプレーの機会が多いアマチュアなどは、オウンネーム（英語ではOWN NAMEですから、「オンネーム」はまちがい）といって、自分の名前やロゴマークを印刷したボールを使うのですが、そういう人でも、名前の入っていないボールを使うことはあります。

また、プロのなかには、青木功プロのように、1つの番号のボールしか使わない人もいます（ちなみに、青木プロは「GO」

の意味を込めて、「５」のボールだけを使うそうです)。

そんな場合には、油性のマジックペンで、ボールに小さな点を打ったり、「○」や「➡」を書いたりします。「×」は縁起でもないのでやめましょう。それをボールによって書き分ければ、同じ銘柄、同じ番号でも見分けがつきます。あまりごちゃごちゃと書き込むのはスマートではありませんが、さりげなく自分なりのマークを書き込んでおけば、それをみた人は、「この人はプレーなれしているな」と、あなたに一目置くはずです。

ちなみにプロは、試合の練習ラウンドではオウンネームボールは使いません。それは、万一、ロストボール（この場合は「紛失球」の意味）をして、試合でも同じところに打ち込んでしまい、そこでボールをみつけたときに、それが練習ラウンドで打ったボールなのか、たったいま打ったボールなのかがわからなくなるのを防ぐためです。

それとは別に、試合が終わったあと、アマチュアやキャディに自分の名前の入ったロストボールをみつけられると恥ずかしいから、ということもあるようです。

# グリーンフォークを必ず携行し、正しく使う

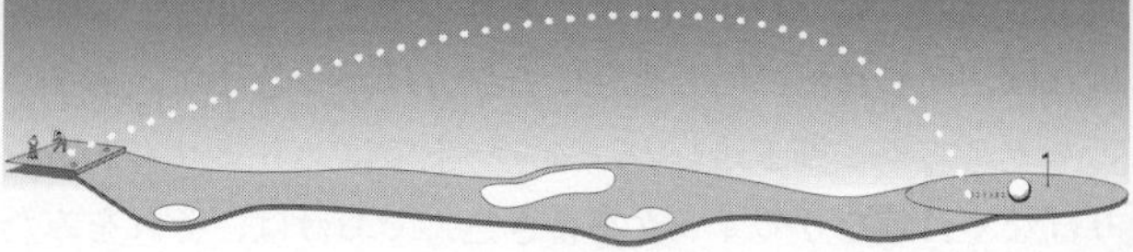

### ●ビギナーもグリーンフォークをもつべし

ラウンドするにあたって、ポケットに入れておくべきものは何でしょう。ボールにティペッグ（「ティ」と略すのが一般的）、ボールマーカー、スコアカードあたりは当たり前にもっているとして、じつは忘れがちなのがグリーンフォークです。

念のために説明すると、グリーンフォークは、グリーン上の**ボールマーク***などを直すための道具で、プロや競技会に出場するようなアマチュアは必ずもっていますが、一般のゴルファーのなかには、ゴルフをしなれている人でも、もっていないケースが多々あります。

それは、どうせボールマークがつくようなショットは打てない、つまり、遠くからオンしないと思っているせいなのか、あるいはボールマークを直すのはキャディの仕事だとでも思っているからなのかは定かではありません。しかし、雨の日など、グリーン面が柔らかくなっていれば、距離の短いアプローチショットでもボールマークはつきます。

グリーンフォークはゴルフショップで販売されていますし、キャディマスター室（➡p.48参照）に行けば、スコアカードなどと一緒に置いてあることもあります。ビギナーのう

ちから必ずもつ癖をつけましょう。

### ●グリーンフォークの正しい使い方を知っておこう

せっかくなので、ここでグリーンフォークの使い方を解説しておきます。

フォークの先端を、ボールマークの周囲に刺すのはいいとして、そこで先をもちあげてはいけません。それをやると、芝の根を切ることになり、枯らしてしまうからです。

正しい使い方ですが、刺したフォークの先は動かさずに、手元を穴に向かって寄せるようにしてください。そう、「もちあげる」ではなく、「寄せる」のです（「寄せて上げる」ではありません、念のため）。その作業を四方から行い、だいたい穴が塞がったら、パターの**ソール***（底）でトントンと軽くならします。

くわしくは、コースや練習場に貼ってあるJGA（日本ゴル

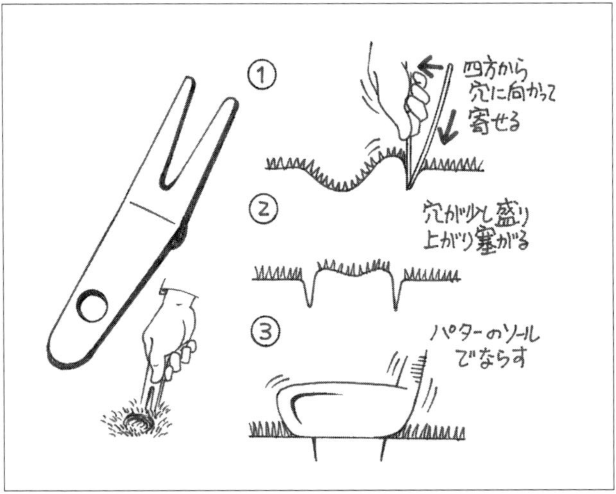

フ協会）のポスターなどに正しい使い方が解説してありますから参照してください。

なんだか偉そうに書いていますが、じつはほんの10年ほど前までは、プロゴルファーも含めたほとんどのゴルファーが、グリーンフォークの使い方をまちがっていました。直さなくてはいけないという意識はあったものの、どう直せばいいのか、ほとんどの人が知らず、「もちあげて」いたのです。それが、JGAなどが啓蒙することで、ボールマークの正しい直し方が認知されるようになった、というのが真相のようです。

コースによっては、スタート前にキャディがボールマークの直し方をレッスンしてくれるところもあります。乗用カートでの**セルフプレー***がふえているいまこそ、こうした啓蒙活動はもっと多くのコースで取り入れられるべきでしょう。

ここでグリーンフォークの正しい使い方を知ったあなたはラッキーです。たとえゴルフの腕前はまだまだでも、グリーンフォークを正しく使ってボールマークを直せれば、「この人はゴルフを知ってるな」と思われますし、キャディをはじめ周囲の好感度がアップすること請け合いです。

# ボールマーカーに外貨コインを使うのは時代遅れ

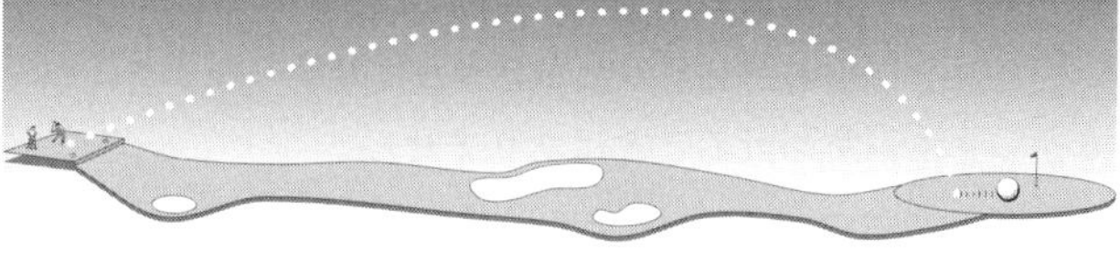

## ●グリップエンドの穴はマーカー用ではない

ラウンド前に用意しておかなければならない小道具の１つがボールマーカーです。ご存じない人のためにボールマーカーを説明すると、自分のボールがグリーンにのった際、ボールの汚れを拭いたり、ほかのプレーヤーのパッティングの邪魔になったりするときに、ボールのかわりに置くものです。

多くのコースは、オリジナルのボールマーカーをつくっています。それは、プラスチック製の画鋲のようなもので、頭の平たい部分にコースのロゴなどが入っています。それをそのまま使うゴルファーもいますが、みながそれを使うとグリーン上で取り違える恐れがありますし、プラスチック製ゆえの安っぽさも引っかかります。

ちなみに、このボールマーカーをパターのグリップエンドに開いた穴に抜き差ししているゴルファーはかなりの確率で存在します。が、あの穴は、マーカーのための穴ではなく、シャフトにグリップを差す際に、空気を逃がすためにつくられたもの。「マーカーはここに差して使うんだ」といわんばかりの得意気な態度は、まちがってもとらないでください。陰で笑われるのがオチです。

実際に何が多く使われているかといえば、記念品としてつくられたマーカーや100円硬貨などのコインです。1円玉では軽すぎ、5円玉と10円玉ではグリーン上でみつけにくい、はたまた500円硬貨では大きすぎて邪魔、それで残ったのが、色もサイズも適当な100円硬貨ではないかと推察されます。これを使うのがおしゃれかどうかは疑問の残るところですが、まあ、笑われることはありません。

**●マーカーのかわりにティペッグを使うのは絶対にダメ**

それに対して、笑われかねないコインが「外貨」です。アメリカのゴルファーのあいだでは、「鷲＝**イーグル***」が描かれていることから25セント硬貨が人気のようですが、それはアメリカ人が使うから自然なのであって、日本人が日本のコースで使うとキザに映ります。

たしかに、日本でも外貨コインを使うのが流行った時期がありましたが、いま使うのはスタイリッシュとはいえず、時代錯誤の感さえあります。「いま人気の俳優は？」と聞かれて、ひと昔前の“トレンディ俳優”の名前を答えるようなもの。それと同じで、いま、外貨コインを使うと、時代から取り残されているというイメージは拭いきれません。

ゴルフの道具には、まちがいなく流行というものが存在します。それは、ゴルフクラブのような「進化」とは別のものといっていいでしょう。ボールマーカーに関しては、近年、キャップのつばにクリップを挟み、そこに磁石でつけるタイプのものが流行しています。たしかに、ボールマーカーをポケットのなかに入れると、ほかのものと入り乱れて、すぐに取り出しにくいこともあります。その点、クリップ式マーカーは、とても機能的であるという点で、今後、廃れることはないような気もします。

女性では、シューズの甲のヒモの部分にクリップを挟んで利用している人も多いようです。これは、マークする際には必ずかがむことを考えれば、とても理に適っているといえましょう。

いずれを使うにしても、1つを紛失した場合に備えて、マーカーは2、3個用意しましょう。マーカーがないからといって、かわりにティペッグをグリーンに刺すのは絶対にしてはいけません。

最後に、これからコースデビューするみなさんにお願いです。ほかのプレーヤーがマークした硬貨を、「あ、こんなところに100円玉が落ちてる！」などと喜んで拾ってしまわないよう、くれぐれも注意してください。

# ティペッグはプラスチックではなく、木製を選ぶ

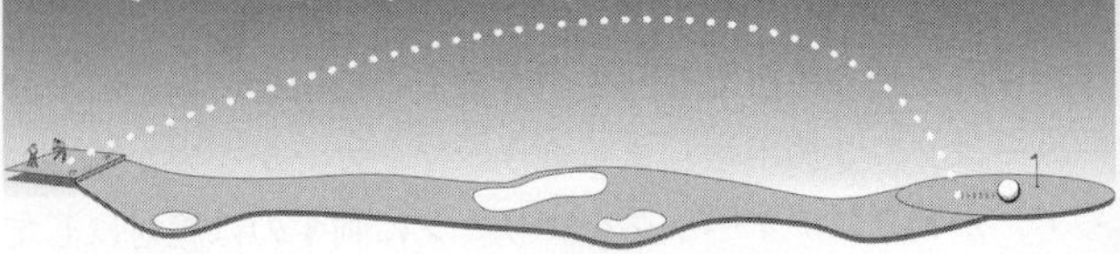

**●木製のほうが安っぽくみえない**

ゴルフになくてはならないティペッグですが、必ず木製のものを選びましょう。その理由は、ショットのあとに紛失したり、折れたまま放置されたりしても、時間の経過とともに腐っていつか土に還るからであり、コースの芝刈り機が巻き込んでも刃を傷めにくいためです。前述の白洲次郎氏は、軽井沢ゴルフ倶楽部でプラスチック製のティペッグの使用を禁じたそうです。

プラスチック製を使うゴルファーが多いのは、折れないために長く使えるという経済的な理由からかもしれませんが、プラスチック製が問題なのは、その見栄えの悪さです。木もプラスチックもどちらも安いものですが、プラスチック製のほうがなぜか「安っぽく」みえてしまうのです。

別に木製のほうが高級にみえるわけではありませんが、どうせ同じ価格なら、安っぽくみえないほうを選んだほうがいいに決まっています。最近は、プラスチック製のバリエーションもふえてはいますが、プロや上級者の多くは木製を使っていることを考えれば、スタイリッシュ・ゴルファーをめざすあなたとしては、環境のためにもやはり木製を選ぶべきでしょう。

## ●折れたティはショートホールで効率活用

ティには、ウッド用のロングとアイアン用のショートの2種類があります。この2種類をポケットに入れておき、ショットに応じて使い分けるゴルファーも少なくありませんが、手探りでティの長短を当てるのはとても難しいものです。

そこで、ロングティだけを使うか（多くのプロがそうしています）、あるいはアイアン用には先端が折れたティを使うようにします。

アイアンショットでは、地中に刺したティは折れてしまうことが多いのですから、はじめから折れたティを使ってもわかりはしません。それに、アイアンを使ったティショットでは、ボールはほんのすこし浮いていればいいのですから、本来、それほどティを深く刺す必要はないのです。先が折れていれば、芝の表面を傷めるだけですみますし、折れて先端だけが地中に残るのを防げます。そして、折れたティは、ポケットのなかでも手探りですぐにみつかるのです。

なお、ゴルフにはアイデア商品ともいうべきジャンルがあり、小物でいえば、長短2本のティとグリーンフォークをヒモでつないだものがありますが、これもスタイリッシュとは呼べません。紛失しにくいうえ、1つをつかめば芋づる式に取り出せて便利というのはわかりますが、機能や効率の追求は、ややもすると小市民的なセコさを感じさせてしまいます（手間の節約もほどほどに、ということですね）。

どこまで刺せばいいかがわかるよう、段になっているティも同様。段がないとティの高さが一定しないというあなたは、自分にだけわかるように木製のティペッグに薄く線を入れておくのもいいでしょう。これなら、どんな状況でも一定の高さで、しかもスムーズにティアップできます。

# 輝かしい実績をもつ現役プロゴルファー

（データはすべて2004年終了時点）

この人たちを知っていれば、上級者たちの会話にもついていけるはず。

**◉ジャック・ニクラウス（アメリカ、1940〜）**
「ゴールデン・ベア」「帝王」の異名をとる史上最強のゴルファー。メジャー通算18勝は、今後破られないかも。1988年に米ゴルフマガジン誌、96年には英ゴルフマンスリー誌により、20世紀最高のゴルファーにも選ばれた。コース設計者としても有名で、「石岡ゴルフ倶楽部」（茨城県）など日本にも作品は多い。

**◉タイガー・ウッズ（アメリカ、1975〜）**
現役男子では最強のプロ。1996年、史上初の全米アマ３連覇を達成し、大学を中退してプロ転向。翌年、21歳の史上最年少でマスターズに優勝。2000年には、史上最年少（24歳）でグランドスラム達成。メジャー８勝。トーナメント最終日には必ず赤いウェアを着るのも有名。

**◉アニカ・ソレンスタム（スウェーデン、1970〜）**
女子プロでは、このアニカが無敵。米女子ツアーで、メジャー７勝を含む通算56勝。賞金女王に輝くこと７度。男子顔負けの飛距離と、インパクト時にボールを見ない独特のスイングが特徴。

**◉青木功（1942〜）**
日本人としてはじめて米PGAツアーで優勝し（1983年のハワイアン・オープン）、チャンピオンズ（シニア）ツアーでも９勝。2004年には日本人男子初の世界ゴルフ殿堂入り。近年は解説者としても活躍。

**◉尾崎将司（1947〜）**
「ジャンボ」の愛称でお馴染み。甲子園優勝投手、プロ野球選手を経てプロになり、国内の通算勝利はじつに112勝、賞金王12回。還暦近くなっても長打力は健在。弟の健夫、直道もトッププロ。

**◉中嶋常幸（1954〜）**
青木、尾崎とともに「AON」と称され、一時代を築いた人気プロ。「世界有数の美しいスイング」といわれた全盛期には、メジャーでも優勝争いを演じた。47歳での復活優勝に涙したファンも。

**◉丸山茂樹（1969〜）**
2001年から３年連続で優勝するなど、米PGAツアーでいちばん成功を収めている日本人。いま、日本人でもっともメジャーに近いプロ。

**◉宮里藍（1985〜）**
現在の女子プロブームの立役者。2003年、高校３年生でアマチュアとして30年ぶりにプロトーナメントで優勝。プロ１年目の04年にはいきなり５勝し、賞金ランクも２位。米ツアーに参戦するのも時間の問題。

# Chapter 3

# 練習場＆練習グリーン編

# キャディマスター室で<br>コース状況の情報を収集

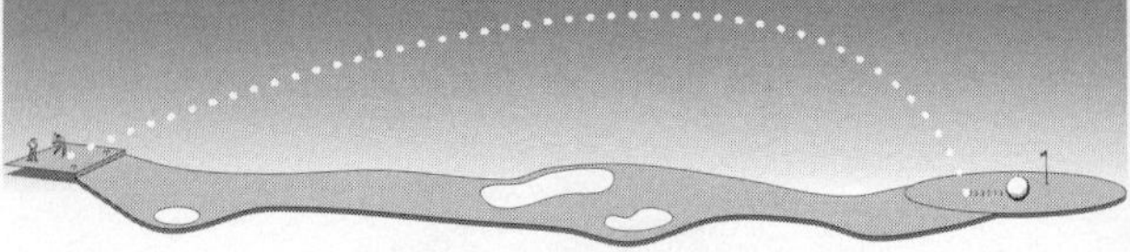


## ●スタート時間もキャディマスター室が決める

着替えなどの準備を終え、外に出たあなたが最初に向かうべきところ、それはキャディマスター室です。

キャディマスターとは、その名のとおり、大勢のキャディを束ねる管理者であり、キャディマスター室は、空港でいう管制塔のようなものです。ここで、キャディの振り分けやスタート時間の調整を行います。

そのほか、**2グリーン***制の場合、今日はどちらのグリーンを使用しているのか、ティマークやピンの位置はどこか、どのホールで修理をしているかなど、その日のコース状況をもっともよく把握しているのがキャディマスター室です。

朝のスタート時間は、エントリーの際に告げられますが、実際には、フロントからお客が到着したという情報を受けて、キャディマスター室が正式な時間を決定します。そのため、事前に聞いていたスタート時間（ときにはホールも）と異なるケースもありますから、スタートする前にキャディマスター室に寄って確認するといいでしょう（フロントでは即座に答えられないこともあります）。

また、後半の**ハーフラウンド***のスタート時間を決めるのもキャディマスター室ですし、コース上でクラブなどの忘れ物や落とし物をしたときにもキャディマスター室に連絡します。

### ●キャディマスターに顔を覚えてもらおう

コースによっては、練習場のボールの自動販売機のコインを、キャディマスター室で販売（たいていはサインをして、会計の際に精算する）しているケースもありますから、練習場に行く前に確認しましょう。

じつは、メンバーになっているコースやひんぱんに利用するコースでは、フロントよりもキャディマスターに顔を覚えてもらったほうが、なにかと融通がきくといわれます。

現場の統括者であるキャディマスターに、ゴルフの実力も含めてあなたの人となりを知ってもらうことは、ゴルフライフの充実につながることでしょう。それは、キャディとの関係でも同じことがいえます。

なお、キャディマスター室の前に、スコアカードやペグシル（小さな鉛筆）、ボールマーカー、グリーンフォークなどが置いてあります。これらはキャディももっていますが、ここでピックアップしておけば、あとであたふたせずにすみます。

# 気づかいや見栄を捨てて練習すべし

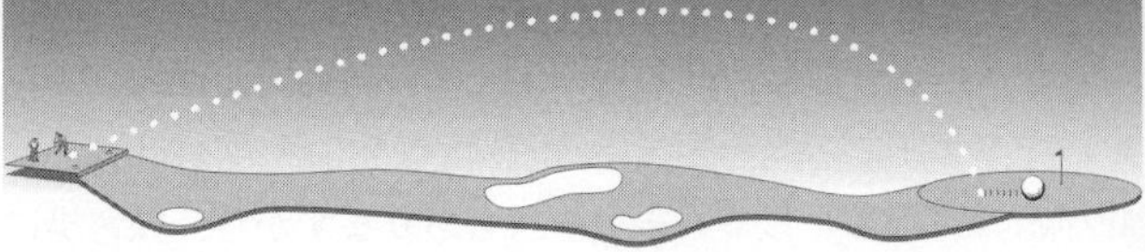

### ●ラウンド前には必ず練習しておこう

　ラウンド前のストレッチや練習方法についてはほかの本に譲るとして、不思議なのは、ふだんは熱心に練習するのに、ラウンド前の練習にはあまり執着しない人が多いことです。「どうせいまさら練習してもスコアは変わらないから」という潔さからなのか、それとも、「いつもしっかり練習しているから」という自信のなせるわざなのかはわかりません。

　しかし、あなたがビギナーなら、絶対に練習をしなければなりません。ただでさえ朝イチのショットは大きなプレッシャーがかかるのに、それを練習もせずに打とうものなら、ボールはどこへ飛ぶかわかりません。当たればまだましなほうで、何回振ってもボールに当たらないという惨事も予想されます。

　まあ、脅すのはこれくらいにして、とにかく、ラウンド前に時間があるなら、練習するに越したことはありません。積極的に練習しましょう、といいたいところなのですが、残念ながらあなたの前にはいくつかの障害が立ちはだかります。

### ●周りの態度にまどわされないように

　１つは、コースに練習打席（いわゆる「打ちっ放し」です）

がないケース。狭い敷地に無理に造成したコースにしばしばみられるケースですが、これはゴルファーにはいかんともしがたく、せいぜい多めに素振りをするか、アプローチ練習で球をミートする感覚を試すしかありません。

2つ目は、同じ組の仲間が練習しようとせず、クラブハウスでお茶を飲んだり、会話を楽しんだりしている場合。自分1人が抜けて練習に行くのはなんだか失礼で、しかもフェアではないような気がしてしまいます。

3つ目は、ほかはみな上級者で、コースについても熟知していて、「当日練習するなんて下手な奴のすることよ」といわんばかりに、余裕の表情で談笑し、練習はせいぜいパッティング程度というケース。

この場合も、あなたが1人で練習場に向かうのはかなりの度胸を要することでしょう。見栄も邪魔するかもしれません。だれでも練習せずに朝からナイスショットを連発できれば気持ちいいですし、カッコいいですからね。

しかし、です。練習場があって、自分は練習したいのに、周りの人を気にして練習しないのはいけません。周りの人に気をつかうのなら、ラウンドで迷惑をかけないためにも練習しておくべきでしょう。ひと言、「下手なので」「最近あまり練習してないので」といって練習場に向かうことです。

それに、3つ目のような手合いというのは、それこそ練習はほとんど毎日、ラウンドも週に2回はしていて、じつは前日もラウンドしている、なんていうパターンが多いのです。そんな人と、練習は多くて週に1回、ラウンドはせいぜい月イチというあなたとはくらべものにならないのです。

したがって、当日の練習に関しては、スタイリッシュかどうかという視点は忘れて、プレーの準備に励むことです。

# 練習場にもっていくクラブは4本までにしよう

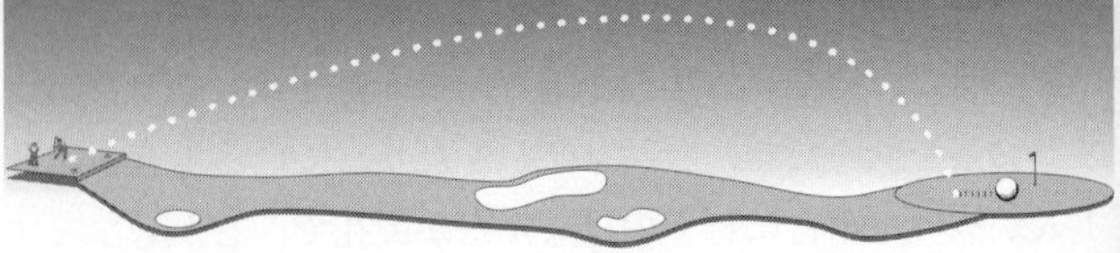

**●練習場で注意したいあれこれ**

練習場には、キャディバッグからクラブを何本か抜いて手で持ち運ぶのがふつうですが、このとき、あれもこれもと欲張ってはいけません。

パターは別としても、もっていくのは、たとえばドライバー、7番アイアン、アプローチウェッジ（AW）など3本程度、あるいはそのコースでひんぱんに使いそうな番手を加えて、せいぜい4本までにしましょう。もちすぎるのは往生際が悪いようにしかみえませんし、時間がなくて全部打ち切れないなんていうケースも考えられるからです。

そして、練習は必ずアプローチショットから始めてください。小さい振り幅のショットから始めて体をほぐしていき、だんだん大きくしていきます。

また、アプローチショットは、好き勝手な振り幅で適当に打つのではなく、つねに目標を決めて打つようにすると、それらしくみえます。実際にそこに行かなくても、気にすることはありません。そのうち行けばいいんですから。それに、目標を決めて練習をしないと、いつまでたってもショットのスキルは上がりません。

AWやサンドウェッジ（SW）はコントロールすることを

目的としたクラブですから、力いっぱいのフルショットは控えましょう。それをすると、「こいつ、わかってないな」とバカにされるだけです。

練習場での注意点ですが、ボールをマットにのせるとき、いちいちしゃがみ込んで手でボールを拾うのはカッコ悪すぎます。クラブフェースを上手く使って、ボールをかき寄せるようにして動かしましょう。

練習場のゴムティにボールをのせる際も、クラブフェースと足の甲の外側（サッカーでいう「アウトサイド」です）とでボールを挟み、スッともちあげてティにのせると、ショットを打つまでのわずかなあいだではありますが、周囲に「お、やるな」と思わせることができるでしょう。

また、クラブフェースに芝や砂がついたときに、シューズのつま先で軽くこするか、パンツのスソ（外側）で拭き取るのは、プロがよくやる仕草です。

# 練習グリーンが混雑していたらどうする?

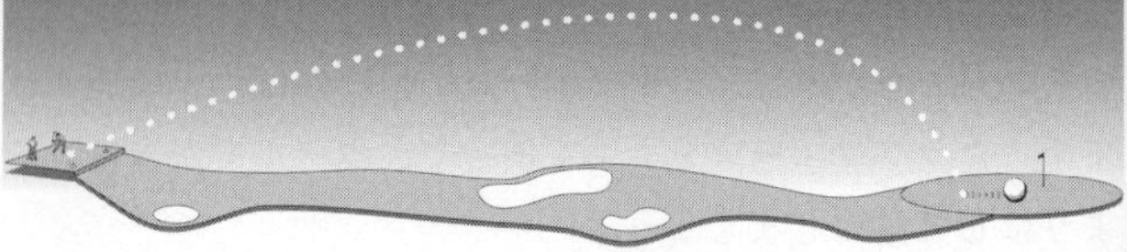

## ●ほかの人の迷惑にならないことが鉄則

ショットやアプローチの練習が終わったら、次はパッティング練習です。練習グリーンはどんなコースにもありますから安心ですが、週末などはスタートを待つゴルファーが入り乱れて、一種異様な光景を呈しており、慣れないビギナーは面食らうこと必至です。

どういう傾斜、どんな距離をどんな順番で練習するのが効果的なのかについてはほかの技術書を読んでいただくとして、ここでいいたいのは練習環境をいかに確保するかです。

先にその場所を占めている人に優先権があるのは、ゴルフにかぎらず社会生活の多くの場面に共通するエチケットであり、練習グリーンでもそれは同じです。すでにパッティングの練習をしている人に気を配る必要があります。

パッティングの中身を考えたとき、もっとも注意すべきなのは、「先に練習を始めた人のパッティングを妨げない」こと。具体的には、その人のラインと自分がねらうラインが交差しないようにするのです。

すこし観察していれば、どの人がどのカップをねらっているかはわかりますから、ラインがクロスしない位置に移動して練習を始めましょう。また、カップからボールを拾う際、ほかのプレーヤーが打とうとしているときにピンを抜いてはいけません。ピンを抜く際には、ほかのプレーヤーのパッティングのタイミングを見計らうことを忘れないでください。

## ●グリーンの端に仮想カップを設ける

ここまで基本のセオリーを書きましたが、グリーン上があまりにも混んでいるときに、先客のあいだに入っていくのは、わずかな座席スペースに大きなお尻を落とし込んでじわじわと自分のスペースを確保していくようで、はた目には見苦しいかぎり。スタイリッシュ・ゴルフとは対極に位置するものです。

そんなときには、グリーンの端のほうに、自分なりの仮想カップを設け、それに向かって練習するのも１つの方法です。仮想カップには、グローブやパターのヘッドカバーを置

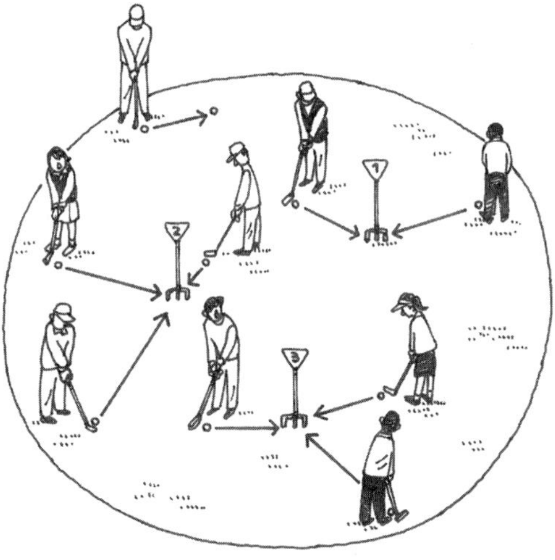

くといいでしょう。

ただし、練習グリーンでは、あまり遠慮しすぎるのもよくありません。混雑を避けて、仮想のカップで練習するのは、あくまで自分のペースをつかむためだからです。

いつまでたってもグリーンが混雑している場合には、やや強引であっても入っていったほうがいいこともあります。他人のラインをまたがず、ちょっと様子をうかがっているような態度をみせるような気配りは必要ですが、自分がやるべきことは必ずやり通すことも大事なのです。だれか１人が入っていけば、おのずと別の１人が抜けるものです。

なお、練習グリーンで使うボールの数は、３個くらいがいいでしょう。１個では同じところから続けて打てないため、グリーンのタッチ（感触）がつかみにくいからです。かといって、４個も５個も使っては紛失する恐れがあり、なにより他人への迷惑になります。

混雑している練習グリーンで練習するときにも、ボールに書いた自分だけのマークが役立ちます。グリーン上で、ほかのプレーヤーのボールと交錯して、同じ銘柄、同じ番号を使っていても、マークが入っていれば、すぐに自分のボールだとわかります。そうすれば、ニューボールが傷のあるボールに入れ替わってしまった、なんていうトラブルは避けられるはずです。

# 乗用カートのカゴを賢く有効利用しよう

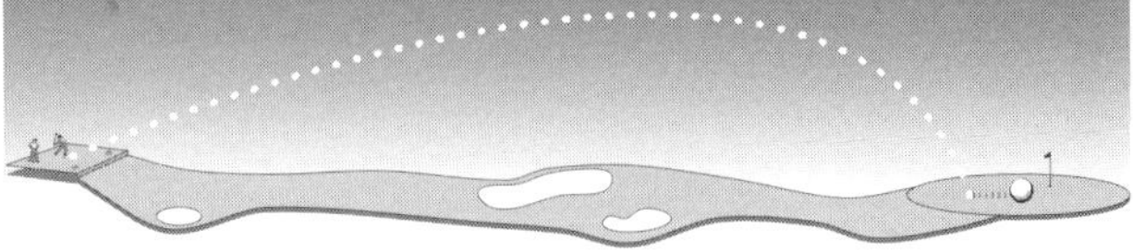

## ●ボールやティペッグはカゴに入れておく

　ゴルフには大小さまざまな道具が必要になります。とくに小さな道具は、整理してすぐに使えるようにしておかないと、プレーの進行にも支障をきたしてしまいます。

　そこで乗用カートについているカゴを有効利用しましょう。乗用カートの前方（カートによっては後方にも）にはたいてい、荷物を積めるカゴがついていて、プレーヤーが使いやすいように人数分（4つ）に仕切られているものです。つまり、そのカゴは、その日1日、あなたが自由に使っていいスペース。遠慮せずにマイエリアにしてしまいましょう。

　とくに、ティペッグなどは、キャディバッグのポケットに入れたままにしておくと、そのポケットが下側になってカートに積まれたり、隣のバッグとピッタリ接したりして、取り出せなくなってしまいますから注意が必要です。ボールを補給する場合も、キャディバッグからではなく、あらかじめスタート前にそのカゴに入れておきます。

　ビギナーのうちは打数が多いため、その分時間もかかります。プレーに集中するためには、それ以外の作業をできるだけ効率よくこなす必要があるのです。それができれば、精神的なゆとりにつながり、あたふたすることが減るでしょう。

# ルールブックはキャディバッグに入れておく

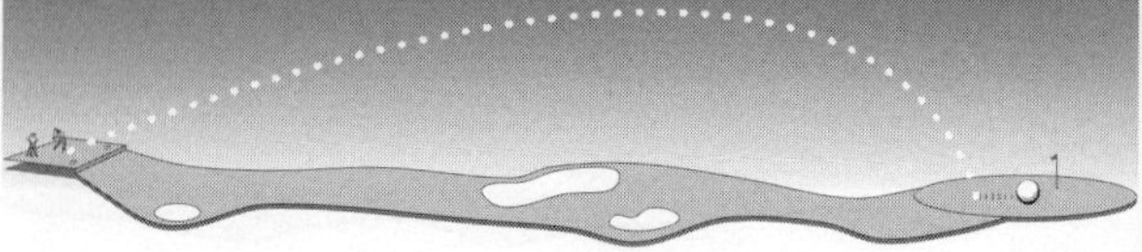

**●ルールは早めに覚えておこう**

これからゴルフを始めようとする人に、二の足を踏ませるものの１つが、ゴルフルールの複雑さであることはまちがいないでしょう。「競技に出るわけではないのだから、べつにルールなんか覚える必要はない。ゴルフが楽しめればいいのだ」と考える人もいるかもしれません。

ルールをある程度覚えてからコースに出るべきか、それとも、とりあえずコースに出て、ルールはおいおい覚えればいいのか。結論からいうと、競技会には出なくても、ルールは早めに覚えておいたほうがいいでしょう。マナーやエチケットは、ルールと切っても切れない関係にあるうえ、スコアをつけるなら、ルールに違反した行為にはペナルティとして決められた打数を加えなければならないからです。

とはいえ、ルールをすべて覚えてからコースデビューする人などまずいません。それは、お父さんが「モーニング娘。」のメンバー全員の顔と名前を覚えてからライブに行こうとしても、いつまでたっても行けないのと同じです。

ちょっとたとえがわかりにくいですね。もとい、英語を完璧にマスターしてからアメリカを旅行しようという人はまずいない（あなたがそうだとしたらごめんなさい）のと同じです。

## ●プロでもルール違反をすることがある

世界のゴルファーのなかで、日本人ほど、キャディバッグにルールブックを入れている率が低い国民はいないそうです。ゴルフ発祥の地であるイギリスでは、日ごろ、ルールブックをもっていないゴルファーを探すことのほうが難しいといいます。

たしかに、ルールを全部頭に入れて、状況に応じてその場で判断できれば、これほどスマートなことはありません。でも、ルールをすべて覚えるのは不可能です。ゴルフを生業としているプロゴルファーでさえ、ときどきルール違反をしているくらいです。覚えるのが不可能だからこそ、ルールブックを持ち歩き、疑問があるときには読めばいいのです。

ルールブックを持ち歩くのは、恥ずかしいことでもなんでもありません。むしろ、曖昧な知識だけで判断してしまうほうが悪いことであり、恥ずべきことだといえましょう。

日本でゴルフのルールブックといえば、JGAが毎年発行している『ゴルフ規則』を指します。ただし、この本の難点は、一読しただけではなかなか理解できないこと。そのため、この本の内容をわかりやすくした「ルール解説本」のほうが実用的です（『ゴルフ規則裁定集』なる本もありますが、ビギナーには難しすぎます。当面は気にしなくていいでしょう）。

とはいっても、解説本はルールブックではありませんし、解説本だけもっていてはカッコがつきません。スタイリッシュなゴルファーをめざすあなたは、両方をキャディバッグに入れておき、ルールを勉強するときには解説本を読み、ほかのプレーヤーとルールの話をするときには、ルールブックをめくってみせるといいでしょう。

もちろん、本書もバッグに入れてくださいね。

# 日本のコース設計の大家と代表作品

故人が多いのは、時間が名コースに仕上げるためかもしれません。

**◉大谷光明（1885～1961）**

東京ゴルフ倶楽部（埼玉県）、川奈ホテルゴルフコース大島コース（静岡県）、名古屋ゴルフ倶楽部和合コース（愛知県）

**◉藤田欣哉（1889～1970）**

霞ヶ関カンツリー倶楽部東コース（埼玉県）、習志野カントリークラブ　キング・クィーンコース（千葉県）、静岡カントリー島田ゴルフコース（静岡県）

**◉赤星四郎（1895～1971）**

霞ヶ関カンツリー倶楽部東コース（埼玉県）、箱根カントリー倶楽部（神奈川県）、程ヶ谷カントリー倶楽部新コース（神奈川県）、芥屋ゴルフ倶楽部（福岡県）

**◉赤星六郎（1898～1944）**

我孫子ゴルフ倶楽部（千葉県）、相模カンツリー倶楽部（神奈川県）

**◉上田治（1907～1978）**

茨城ゴルフ倶楽部（茨城県）、広島カンツリー倶楽部八本松コース（広島県）、下関ゴルフ倶楽部（山口県）、古賀ゴルフ・クラブ（福岡県）

**◉井上誠一（1908～1981）**

霞ヶ関カンツリー倶楽部西コース（埼玉県）、大洗ゴルフ倶楽部（茨城県）、日光カンツリー倶楽部（栃木県）、西宮カントリー倶楽部（兵庫県）、札幌ゴルフ倶楽部輪厚コース（北海道）、龍ヶ崎カントリー倶楽部（茨城県）、桑名カントリー倶楽部（三重県）、茨木カンツリー倶楽部西コース（大阪府）、東京よみうりカントリークラブ（東京都）、戸塚カントリー倶楽部西コース（神奈川県）、春日井カントリークラブ（愛知県）、いぶすきゴルフクラブ開聞コース（鹿児島県）、葛城ゴルフ倶楽部（静岡県）

**◉加藤俊輔（1933～）**

片山津ゴルフクラブ白山コース（石川県・改造）、太平洋クラブ御殿場コース（静岡県）、瀬戸内海ゴルフ倶楽部（岡山県）

# Chapter 4
# ティイング
# グラウンド
# 編

# スタート時間の10分前には集合する

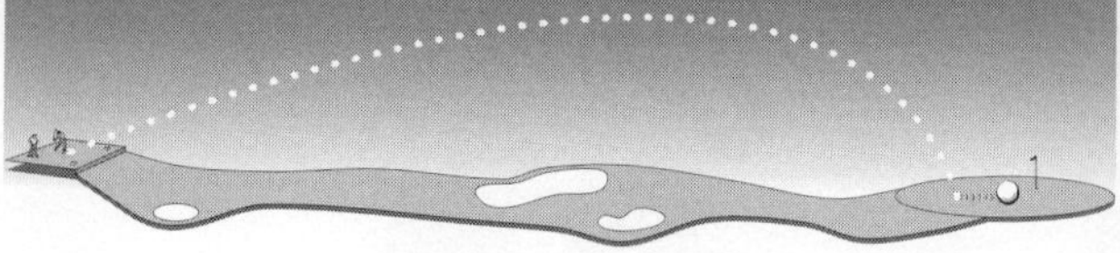

**●ボールの番号は２種類以上用意する**

パッティングの練習が終わったら、いよいよティインググラウンド（通常は、略して「ティグラウンド」または「○番ティ」などといいます）に向かいます。

ティに着いたからといって、ひと休みとはいきません。スタート前にしなければならない作業は少なくないのです。

まず、**コンペ***などで同じ組に初対面の人がいれば自己紹介しましょう。キャディがつく場合には、クラブ本数の確認。これは、ラウンド後のクラブ本数に関するトラブルを防止するためです。

そして、お互いのボールを確認することも大事です。ボールの銘柄と番号について、「私は○○○○の３番です。大丈夫ですか？」「重なっていませんよね？」などと、みずから進んで確認するスマートさが欲しいものです。その際、腕前は関係ありません。

ここで、同じ銘柄で同じ番号を使っている人がいたら、オリジナルのマークが入っていたとしても、なるべく違う番号に換えましょう。でないと、**誤球***しやすくなりますし、どちらが自分のボールなのか判別できない場合には、ロストボール扱い（１ペナルティ）になります。こういうケースに備えるためにも、ボールの番号は2種類以上用意しておくのが理想的です。

**オナー***は、最初のホールにかぎり、1番ホールや10番ホールのティイングググラウンド横にあるクジ（金属製のスティック。これがないコースはまずないでしょう）を引いて決めます。

こうした作業を考えると、ティにはスタート10分前には到着しておくのが望ましいでしょう。早く準備をすませれば、冷静なプレーにもつながります。

なお、プレーには直接関係ありませんが、**アウトコース***と**インコース***、どちらが1番でどちらが10番なのかわからなくなったら、それぞれ“go out”と“come in”の略であることを思い出すといいでしょう。

# 他人のボールの後方に立ってはダメ

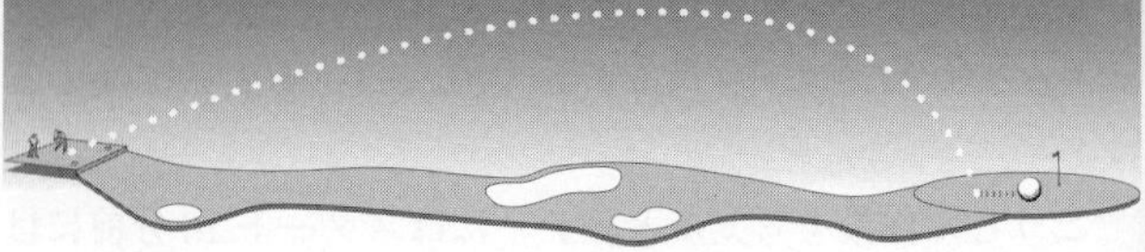

**●次に打つ人以外はティインググラウンドに上がらない**

スタートの準備をしているときに忘れてはいけないのは、前の組はすでにプレーを始めているという点です。ティアップしているのに、大声で話したり、笑ったり、物音を立てたりしてはいけません。

ルールブックの「他のプレーヤーに対する心くばり」の項には、「他のプレーヤーがプレーを始めようとしているときに、プレーヤー（著者注・あなた）はそのプレーヤーの球の近くや真後ろ、あるいはホールの真後ろに立ったりしてはならない」と書かれています。

これは、同じ組のプレーヤーだけでなく、前の組にも当てはまりますし、ティインググラウンドだけでなく、フェアウェイやパッティンググリーン上など、どこにいても心がけなければなりません。

自分の組の番になったときも、ティインググラウンドには次に打つ人以外は上がらないようにします。いまからショットしようとする人の邪魔をしないためです。本人は邪魔していないつもりでも、ティアップしたボールの後方に立っていたりすることが少なくありません。

経験すればわかりますが、そうした動きは、これから打とうとするときにはとても気になるもの。ルール違反ではありませんが、ゴルフにおける「礼儀知らず」と呼ばれてしまいます。

**●素振りをするときの注意事項**

「プロのトーナメント中継をみていると、**ギャラリー***が真後ろからみてるぞ」という人がいるかもしれません。おっしゃるとおりですが、あれはショービジネスだから。どんなに近くで大勢にみられても、まるでそこにだれもいないかのように平然とショットするのがプロなのです。

自分の打順でもないのに、ティインググラウンドの端で素振りをしている人をよくみかけますが、その人は、ティイングググラウンドへ上がるタイミングと、素振りの場所の2点で過ちを犯しています。そのうえ、素振りで**ダフっ***て芝を削ってしまったら目も当てられません。

どうしても素振り、それも思いきり振りたいなら、ティイングググラウンドから離れたところで、周りに人がいないのを確認してからにしましょう。もちろん、芝を削らないように注意することが肝要です。

また、あなたがショットしようとしたとき、たとえば、周りの人があなたが打とうとしているのに気づいていない場合には、「打ちます」「行きまーす」とひと声かけましょう。このほうが、「静かにしてください」とストレートにいうより角が立ちません。

このかけ声は、フェアウェイでプレーヤーがバラバラに散っているときにも使えます。こうすることで相手に注意を促せますし、ショットが曲がった場合でもだれかがみていてくれる可能性が高まるのです。

# 前の組に打ち込まないよう十分すぎるほど時間を置く

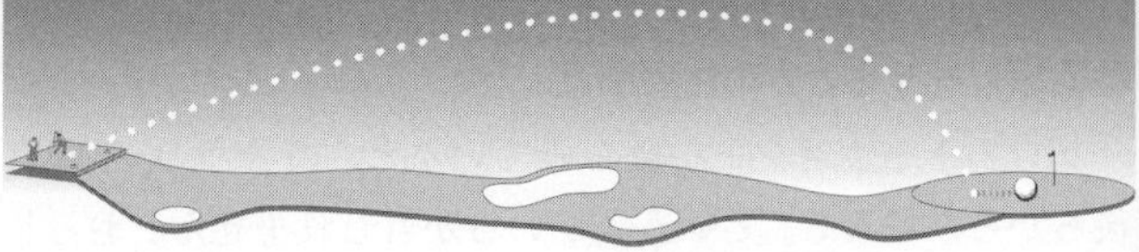

## ●打ち込みは死亡事故につながることもある

プレーヤーとして絶対にやってはいけないのが、前の組への「打ち込み」です。キャディがついていれば、「そろそろお願いします」などと促してくれますが、セルフプレーではプレーヤー自身が判断しなければなりません。

打ち込みは、マナー違反であるだけでなく、人に当ててしまうと怪我どころか死亡事故さえありえます。

このとき、「どうせ当たらないから」と自分の力を過小評価したり、「ビギナーなのに、これ以上待ったら生意気だと思われる」などと気をつかったりする必要はありません。万一、打ち込んだら、責任をとるのはあなた自身だからです。

とくにビギナーどうしでは、打つタイミングが早くなりがち。自分の飛距離がどれくらいなのかを早く把握するよう心がけましょう。オナーが打つタイミングが早すぎると思ったら、「まだ早いのでは？」と注意することも大切です。

ただ、打ち上げてから下っているホールや、打ち下ろしでフェアウェイが段になっているホールなど、ボールの落下点がみえない場合には、前の組がどこまで進んでいるのかわからないケースもあります。

キャディ付きなら指示に従えばいいですし、セルフプレーでも、「警告灯」などがあればそれを参考にすればいいのですが、ティインググラウンドになんの注意書きもない場合は、いつ打てばいいのか判断がつかないことがあります。その場合は、こう考えましょう。

１つは、前のプレーヤーがみえなくなってから、十分すぎるほど時間を置くこと。そろそろかなと思っても、さらに1分くらい待つほうがいいかもしれません。もう１つは、第2打以降に再びプレーヤーがみえる構造のホールでは、姿がみえたのを確認してから打てばいいでしょう。こうしたホールでは、あいだを空けないことより、安全を第一に考えます。遅れはいくらでも挽回が可能だからです。

## ●もし打ち込んでしまったら早めにあやまる

不本意にも打ち込んでしまった場合には、できるだけ早いタイミングであやまることが大切。次のホールのティインググラウンドで間に合えばそこで、それが無理なら、ハーフを終えたクラブハウス前や食堂でひと言あやまっておきます。

なお、自分では届いていないと思っても、ボールが落下した瞬間、前の組のプレーヤーが振り向いたら、かなり近くまでボールが飛んだことを意味します。これも打ち込みに近いマナー違反ですから、早めにあやまりましょう。

欧米では、打ち込みには日本よりもずっときびしい目が向けられていて、届いていなくても裁判沙汰になるケースがあるようです。ハワイなど海外のリゾートコースでデビューしようと考えている人は、とくに注意が必要です。

万一、当ててしまった場合は、謝罪するのはもちろんですが、キャディがいない場合、カートに積んである無線機などを使ってコース側に早く連絡をとることが大事です。

# 上手そうにみえるティアップの仕草を覚えておこう

## ●ボールをティペッグにのせたまま刺す

初対面の人と一緒にラウンドするとき、そのスイングをみなくても、「あ、この人はあまり上手くないな」とわかることがあります。それは、「ティアップ」の仕草があまりにもぎごちないときです。

ティアップの動きは、カップからボールを拾い上げる動きと共通する部分があり、それをみるだけで、はからずも腕前が露見してしまう仕草といえましょう。

ただ、ティアップが上手くできないゴルファーに上手い人はいないといいきっていいでしょうが、ティアップがサマになっているからといって、必ずしもゴルフが上手いとは限らないことも覚えておきましょう。

そんなことはさておき、ここでは、どのようにティアップすれば上手そうにみえるのか、特別にレッスン記事ふうに解説しましょう。

まず、だいたいこのあたりにティアップしたいと思ったら、その場所が平らかどうか足場を確認します。傾斜しているとミスショットの原因になりますから、ビギナーであるあなたは避けたほうが無難です。

そして、ボールをティペッグにのせた状態で刺します。先

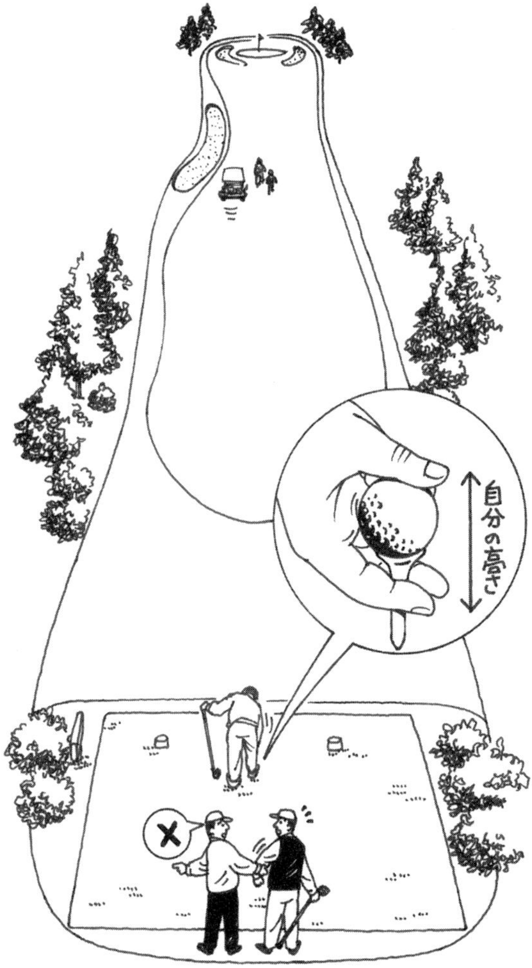
自分の高さ

にティペッグだけを刺して、あとからボールをのせるのはもっともダサいと心得てください。また、ナイスショットの確率を高めるために、ティの高さはいつも一定にすることも大切です。

ティイングググラウンドによって芝の長さが異なるため、なかなか難しいのですが、自分に最適なティの高さを、親指と人さし指・中指の間隔で覚えておくのも１つの方法です。

### ●股を開いてしゃがみ込んだり横向きで刺すのは野暮

ティアップ時の体の動きですが、腰痛などがなければ、ひざは折り曲げず、腰だけを折り、地面に落ちているゴミを拾うように流れるような動作を心がけます。時間にして、せいぜい２、３秒で決めましょう。このとき、絶対に避けたいのは、大きく股を開いてしゃがみ込む「○ンキー座り」または「○ンチングスタイル」です。

それ以外にも、体を横向きにする通称「女の子刺し」（女性が湯舟の横で体にお湯をかけるときのポーズをイメージしてください）や、まるでフィギュアスケートのような足の上げすぎなどはしないように注意しましょう。

一発でティアップできればカッコいいのですが、なかなか上手くいかないこともあります。ヘッドを地面に置いてみて、ちょっと高いなと思ったら、ここではカッコつけずに直しましょう。

このとき、ドライバーのヘッドで、コンコンと上から軽く叩いて低くするというテクニックもありますが、失敗してボールが落ちるとカッコ悪いので、自信のない人はやめておきましょう。

プロのなかには、ふだんは右利きなのに、ティアップだけは左手で行う人もいます。スイングは左手のリードが大事であり、その感覚を繊細にするために左手だけを使う、というのが理由のようです。

同様の理由で、パターは左手でしかもたないというプロもいます。あなたがそれをしたところで周囲は気づかない可能性が大ですが、もしその訳を聞かれたら、さりげなくウンチクを傾けてみるといいかもしれません。

ティアップがすんだら、ボールの後ろにまわり込んでホールの全体像を眺め、ねらう方向を決めます（もちろん決めたフリでかまいません）。その方向にクラブフェースを合わせ、**アドレス***に入っていきます。

このときの禁忌事項としては、ボールの後方にいるときに**グリップ***を固め、それを崩さずにアドレスに入ること。これはビギナーにみられがちな動作ですが、ゴルファーたるもの、グリップをほどくことに臆病になってはいけません。いつでもどこでも自由に正しいグリップをつくれなければならないのです（なんだか大仰な表現ですが、べつに大したことではありません。すぐにできるようになります）。

慣れないうちは、実際にアドレスするときに、ねらいを定めた方向とフェースの向きが狂ってもしかたありません。せめて、目標に対してフェースを合わせているフリだけでもしてください。そのうちできるようになります。

なお、プレーには関係がないのですが、外したドライバーのヘッドカバーを、ベルトに挟んで腰のあたりにぶら下げたままティショットをする人をみかけます。あれも、なんだかタオルをぶら下げているようでスタイリッシュとはいえません。素直に自分の背後に置けばいいでしょう。とにかく、スマートな振る舞いを心がけることが肝要です。

# 遠くへ飛ばしたくても「デベソ」はいちばんの野暮

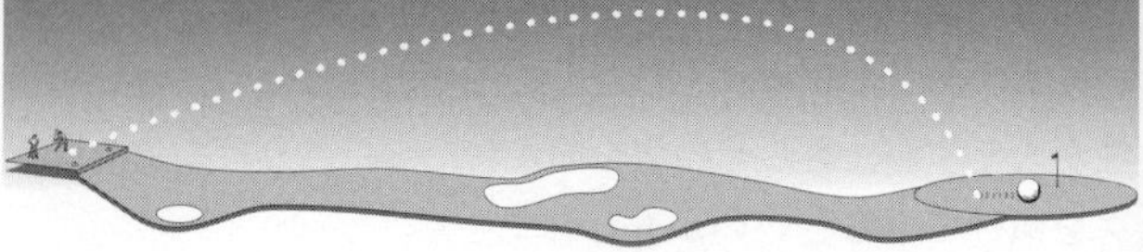

**●ティマークよりシューズ1足分は後方に下がる**

ティアップに関して、アマチュア・ゴルファーが犯しがちなミスが、ティマークより前方にティを刺してしまう、いわゆる「デベソ」です。すこしでも遠くへボールを飛ばしたいという意識が、ティを前へ刺させるのだと思われますが、これほど野暮なことはありません。無意識のうちにセコさがにじみ出てしまっています。

同様に、「出てないよね？　大丈夫だよね？」と、いちいち周囲に確認するのも、みっともないだけですからやめましょう。

プライベートのゴルフであれば、「おいおい、出てるよ」と笑って指摘される程度ですみますが、ストロークプレーの競技会の場合、デベソのまま打てばペナルティとして2打が付加されてしまいます（自分は上級者だと偉そうにしている人でもデベソはしがち。そんな人には、ふだんの仕返しとばかりに注意するのもいいでしょう。相手はおそらく動揺します）。

心のゆとりをみせるためにも、ティマークよりシューズ1足分くらいは後方に下がってティアップするのがいいでしょう。一度ティアップしたあと、ティマークから出ていないかを確認し、「あ、すこし出ているな」とティアップし直すと、それはそれで余裕があるようにみえるものです。

ティアップできるのは、幅はティマークとティマークのあいだ、奥行きは「**2クラブレングス***」の範囲内。およその目測を立ててティアップします。芝がきれいに生えそろっているところを探すことに夢中になって、エリアから出てしまわないようにしましょう。

ティマークのあいだのどこにティアップするのかはコースマネジメントにかかわるため割愛しますが、「お、やるな」と思わせるのが、ティマークの内側ぎりぎりにティを刺すことです。こうすると、当然、かまえたときにティマークが視界に入ってきます。それがまるで目に入らないかのようにナイスショットができれば、周りのあなたをみる目は違ってきます。ただし、くれぐれもクラブでティマークを打ったり、打球がティマークに当たったりという危険のないように。

これは絶対に成功させなければならないショットであり、ダフりや**トップ***、ましてや空振りは許されません。さらに、ショートカットをねらうなど、その位置からショットする必要があるケースに限られます。意味もなくそこにティアップするのは間抜けなだけですから気をつけましょう。

# ゴルフで唯一、絶叫が許されるのが「フォアー!」

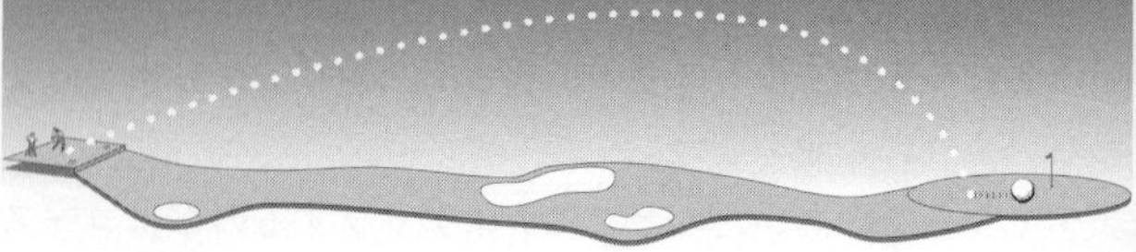

**●ショットが大きく曲がったら「フォアー!」**

ゴルフコースでは大声を上げるのはタブーの1つです。ほかの組のプレーヤーを驚かせたり、集中を妨げたりするためですが、コースで唯一、大声を出すのを許されるケースがあります。

それが「フォアー!」です。

フォアーは、「前方」を意味する英語"fore"で、ミスショットをしてボールが大きく曲がり、隣のホールや林のなかにいる人にぶつかることを避けるため、警告の意味で発する言葉です。

このフォアー、聞こえなければ意味がありませんから、大きい声で叫ぶに越したことはありません。キャディやほかのプレーヤーに「フォアー!」といわれてムッとしたり、傷ついたりする人もいますが、それは傲慢というものです。

あなたの打ったボールがだれかに当たるのを防ごうという親切心からなのですから(どうみてもいいショットなのに、フォアーと声を上げるのは他意があるのでしょうが)、むしろ感謝しなければなりません。当たりどころが悪ければ、死にいたることもあるのがゴルフボールなのですから、カッコは気にしてはいけません。

他人がミスショットしたときにも、本人がどう思うかなどは考えず、とにかく大声で叫ぶことです。

**●「フォアー！」が聞こえたらすぐに頭をガードする**

コースでプレーしていると、どこからかいきなりボールが飛んできて、自分の近くに落ちてヒヤリとすることがあります。そういう場合、「フォアー！」という声が届かなかったというケースは稀で、最初から出していないのが圧倒的なようです。とくに、ビギナーばかりの組ではありがちです。「ああ、曲がっちゃったよ」と笑っていてはダメ。すぐに大声で叫びましょう。

そして、「フォアー！」という声が遠くから聞こえてきたときには、恥も外聞も捨てて、アルマジロのように体を丸め、頭をしっかりガードします。

フォアーには、もう１つ別の使い方があります。それは、前の組のプレーが明らかに遅いときに、スピードアップを促すために用います。このときには、最初の使い方よりもソフトに、叫ぶというよりも大きめの声でいうのがいいでしょう。ただ、これは使い方が難しいですから、ビギナーであるあなたは、「フォアー！」といわれないようスムーズにプレーするのが先決といえましょう。

# OBかどうか怪しいときには暫定球を打つ

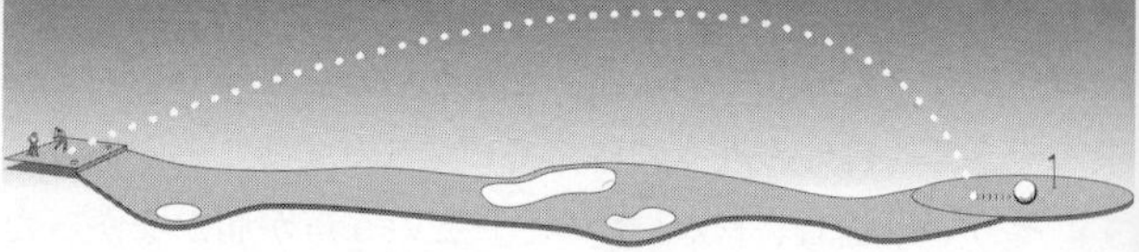

## ●暫定球を打つことを宣言する

あなたが渾身の力で打ったボールが、残念ながら大きく曲がり、OBの方向に飛んでしまった場合、「暫定球」を打っておく必要があります。

暫定球とは、文字どおり、暫定的に打つボールのこと。暫定球を打っても、最所に打ったボールがOBになっていなければ、そのままプレーすればいいし（暫定球は拾い上げます）、OBだった場合には、暫定球を打ち直し（第3打）とみなしてプレーします。

暫定球を打っておけば、最初のショットがOBだったときにも、わざわざティインググラウンドまでもどって打ち直さずにすむのです。

OBかセーフか怪しいショットのときには、たいていの場合、キャディが、「すみません、念のため、もう1球打ってもらえますか？」と声をかけてくれます。こんなときは、「行ってみなきゃわからないだろう」と反論したり、渋々打ったりしてはいけません。潔く、さわやかに暫定球を打ちましょう。

明らかにOBだとわかるようなショットのときにも、いつまでも引きずらず、自分から進んで打ち直すのがスマートな態度と申せましょう。

余談ですが、ゴルフの場合、ショットがOBにならずにセーフだったときのジェスチャーは、野球と同じで両手を水平に広げるポーズになりますが、OBだったときには、頭の上に両手で大きな輪をつくります。ボールの行方を見届けたキャディがこのポーズをつくったときに、「ああ、助かった」と勘違いしないようにしてください。

暫定球を打つ際には、必ず、「暫定球、打ちまーす」と宣言しなければなりません。そうでないと、1打目をOBだと認めて、たんに打ち直したとみなされるからです。アマチュア・ゴルファーがよく使う「念のため、もう1球打っておくよ」も、あいまいな表現です。プライベートのゴルフであっても、暫定球という言葉を使いましょう。

同時に、「5番です」などと、1球目と違う番号のボールであることも周りにアピールしてください。そうすれば、自分だけでなく、仲間が一緒にボールを探してくれたときに、みつかったボールが1球目なのか、2球目なのかを判断できます。

暫定球や打ち直しのショットは、ティショットでは、同じ組のほかのプレーヤーが全員打ち終わったあとに打つことになっています。

## ●「プレーイング4」は日本だけのルール

**ウォーターハザード***では、ボールが打てる状況であればペナルティなしで打てるのに対し、OBでは、白杭の外に出てしまえば打てる状況であっても打つことはできません。

なお、ティショットがOBになったとき、打ち直しのかわりに、前方の特設ティ（ティマークが黄色であることから、「黄色ティ」とも呼ばれます）から第4打としてプレーする「プレーイング4」は、多くのコースのローカルルールになっています。

これは、欧米にはない日本特有のルールで、進行を優先するためにコースがつくりだした知恵です。

このルールの奇妙な点は、特設ティがかなり前方にあり、しかも4打目なのにティアップして打てることにあります。つまり、打ち直しが距離のたっぷり出たスーパーショットで、しかもライも最高という状況をつくってくれるわけです。あなたがビギナーであれば、ティインググラウンドから打ち直すよりはるかに有利な状況であることは確かでしょう。

しかし、プレーヤーの正直さのうえに成り立つのがゴルフであることを考えると、いくらルールとはいえ、自分の実力ではつくりえない絶好の状況からショットするのは、ふつうの人であれば良心が痛むものです。

したがって、プレーの進行が遅れ気味の場合や、何発も続けてOBを打ってパニックに陥っているようなケースを除いては、ティインググラウンドから打ち直してもさしつかえないと考えてください。そのほうが、処置としても正しいからです。

ただし、その際には必ず、同伴競技者やキャディに断ったうえで打ち直しましょう。

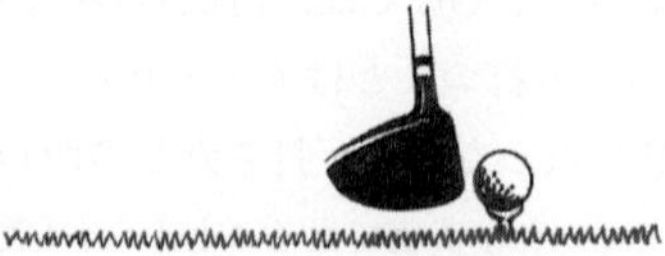

# かけ声は「内緒」を強くいうと心地よく響く

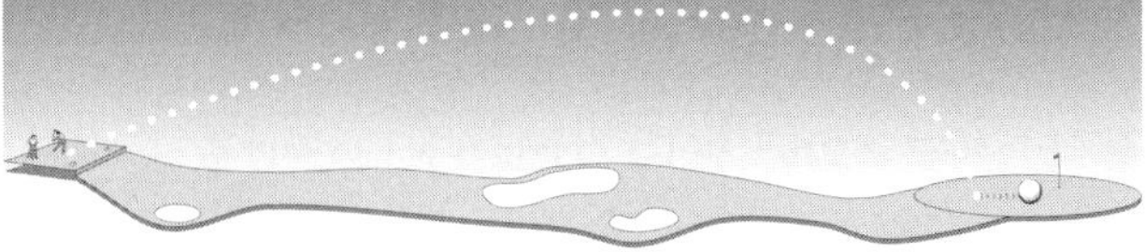

## ●ボールが曲がらないのを確認してから声をかける

ゴルフは紳士淑女のスポーツです。したがって、ほかのプレーヤーのいいショットには賞賛を惜しんではなりません。

その際、まず気をつけたいのは、声をかけるタイミングです。ゴルフボールは、まっすぐ飛び出したからといって、最後までまっすぐ飛んでいくとは限りません。

というより、曲がるケースのほうが圧倒的に多いものです。アマチュア、とくにビギナーではそうです。「ナイスショット！」と声をかけたはいいけれど、途中から大きく曲がってOBゾーンに飛んでいったり、谷底に落ちてしまっては、気まずさだけが残ります。

ポイントは、すぐに声をかけないこと。最高到達点あたりで、そんなに曲がらないなと思えた時点で声をかけても、けっして遅いということはありません。

「いいショットにみえたけど、本人にとってナイスショットかどうかわからないから……」と、声をかけるかどうか悩むという人がいます。

たしかに、腕前や状況によっては、それが本人にとってナイスショットでないケースもありますが、ビギナーがそれを見極めるのは難しすぎます。あくまで自分がナイスショットだと思ったら、声をかければいいでしょう。

声をかけるのは、あくまでも心意気だからです。また、声は本人の耳に届けば十分なのですから、あまり大きくならないように心がけましょう。

**●「ビューティフル」や「エクセレント」は避ける**

ナイスショットのほかにも、ショットを賞賛する言葉は存在します。欧米で使われる言葉を紹介している本もありますが、日本人どうしが、「ビューティフル」だの「エクセレント」だのといいあう光景は気色が悪いだけです。

まあ、「グッショー（グッドショット）」くらいはいいとしても、あとは「ナイスショット」でいいでしょう。

これ以外の場面でも、「ナイスオン」（グリーンにオンしたとき）、「ナイスアウト」（バンカーから上手く脱出したとき）、「ナイスタッチ」（長いパットの距離感、方向性がよかったとき）と、ナイスで統一。たんに「ナイス！」でもいいかもしれません。

なお、ナイスショットというかけ声は、「ナイッショー！」というよりも、短く、そう、「内緒」を強い口調でいうと耳に心地よく響くことが、ゴルファー数人へのテストでわかっています。

# 「ナイス」といわれたら「どうも」で応える

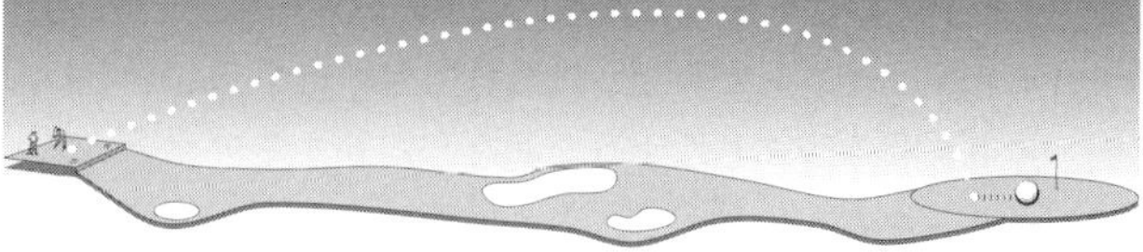

## ●長嶋流の「どうも〜」は注意が必要

では、「ナイス」と声をかけられたら、どうリアクションすればいいのでしょうか。

一般的には、笑顔で「ありがとうございます」と返せばいいのでしょうが、それだとどうも堅苦しく感じることがありますし、「サンキュー」というのも、キザに聞こえて日本人には馴染みません。

幸いなことに、日本語には「どうも」という便利な言葉があります。マスコミ業界では、「どうも」を多用する人がじつに多く、「『どうも』をさまざまなニュアンスで使い分けられれば一人前」といわれるほどです。

「どうも」という言葉は、ともすれば不遜な印象を与えてしまいがちですが、「どうもの達人」が使うとまったくそう感じないから不思議です。

ゴルフはスポーツですから、プレーしているときには多少の無礼講も許されます。それに、目上の人に対しても、「どうも」を上手く使えれば、愛想よくみえることもあります。ですから、「ナイスショット」と声をかけられたら、あなたも笑顔で「どうも」と返してみましょう。

ただし、長嶋茂雄さんふうに「どうも〜」というと、相手をバカにしているように聞こえてしまいますから注意が必要です。

**●キャップのつばを指でつまみ、軽くアゴを引く**

「ナイスショット」と声をかけられても、返事をしなかったり、苦虫を噛みつぶしたような顔をしたりするアマチュア・ゴルファーをみかけますが、あれはやめましょう。プロがやっても反感を買うのに、それを素人がやったら総スカンを食ってしまいます。

ナイスショットのたびに大声を上げて喜ぶのは問題だとしても、せっかくほめてくれているのですから、笑顔で返事くらいしましょう。

プロゴルファーは、ギャラリーの声援に応えるのに、キャップのつばを指でつまみ、軽くアゴを引くという動作をよくみせますが、あなたもシャレでときどきやる分には問題はないでしょう。

笑顔で応えたほうがいいのは、会心の当たりでなかったときも同じです。「いまのは芯を外れたショットなんだよねぇ」などと生意気な口を叩くと、二度とゴルフに誘ってもらえません。たとえ遊びのゴルフであっても、それくらいの気はつかいましょう。

自分への賞賛には素直に喜んだほうが、スタイリッシュ・ゴルファーらしいさわやかさをアピールできます。

# プライベートなゴルフでは打順にこだわらない

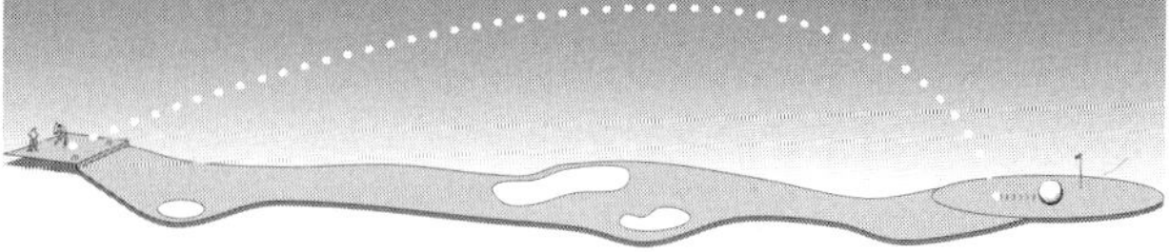

## ●距離の出ないプレーヤーに先に打たせる

ゴルフでは、前のホールでの打数が少ない人から順にプレーするのが基本です。オナーとして、いちばん最初にティイングググラウンドに上がる快感は、ゴルフの醍醐味の１つといえるでしょう。

ただ、これはあくまで原則です。プライベートなゴルフの場合、同じ組のなかで実力差がありすぎると、少ない打数の順に打つことがスロープレーにつながるケースもあります。

そこで、あまり飛ばない人に先に打たせることで（もちろん、前の組がある程度前に進んでからというのが前提です）、プレーをスムーズに進めることができます。

とくに、まだラウンドに慣れていないビギナーや女性などは、ショットに入るまでに準備の時間がかかりがち。そのため、ふつうに距離が出るプレーヤーが打てないときに先に打っておくと、時間の節約ができるのです。

ただ、レディスティは**レギュラーティ***から離れていることも多いため、女性が先に打つ場合には、いつも１人離れてプレーしなければなりません。せっかくなら、ほかのプレーヤーと会話をしたいでしょうし、アドバイスを受けたい人もいるでしょう。ですから、女性やシニアが先に打つのは、プレーの進行が遅れ気味のときだけでいいでしょう。

なお、先にレディスティから打った場合には、後方のティから打つ人のボールに当たらない位置で待つことを忘れずに。木の後ろなどに隠れるといいでしょう。アマチュアはどこにボールが飛ぶかわからないのですから、それはけっして失礼なことではありません。

## ●「悠々として急げ」の精神でプレーする

「ビギナーのうちは、ショットとショットのあいだは走れ」などといいます。いっぽう、ミスが続いて落ち着きを失っているプレーヤーに対して、「どうせ前も詰まっていますから、のんびりやりましょう」という言葉が使われることがあります。となると、いったいどんなペースでプレーすればいいのでしょう。イメージとしては、開高健の名言、「悠々として急げ」。この精神です。

急がなければならない場面でも、どこかに気持ちのゆとりをもちましょう。走って息切れした状態では、冷静な判断を下すのも、ふだんのリズムでスイングするのも難しいのは明らかです。それに、いくら早いほうがいいとはいえ、時間をかけるべきところはたっぷりかけたほうがいいこともあります。要は、メリハリをつければいいのです。急いでいるときも、つねに優雅さを忘れないようにしてください。そして、ゆったりしながらも、きびきびと動く。それがスマートさを演出し、ひいてはいいプレーにつながるはずです。

１組ごとのプレーが早くなれば、それだけ多くのゴルファーがプレーできることになり、ゴルファー１人当たりの単価は安くなるはずです。強欲なゴルフ場経営者が、客をこれ以上つめ込まないことを祈るばかりです。

# ショートホールで粋にみせる動き方を知っておく

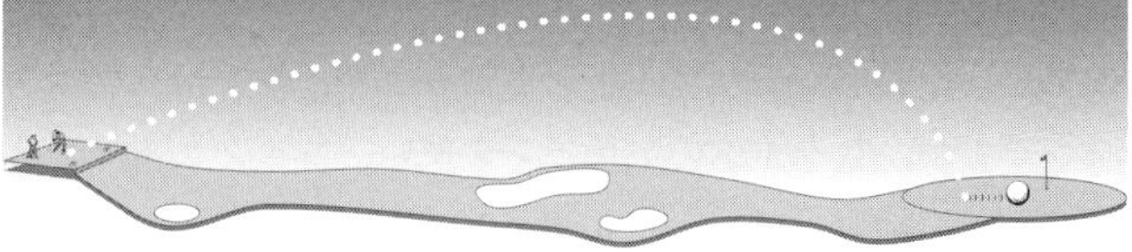

## ●地面に置いたクラブから使用番手を割り出す

ティショットのなかでも、**ショートホール***には、注意すべき点がいくつかプラスされます。

１つは、クラブの選択についてです。「いま、何番で打ちましたか？」と、打ち終えた人に使った番手をたずねるのは、ショートホールのティインググラウンドではありがちな光景ですが、競技会でやるとルール違反（２ペナルティ）。さらにルールでは、それに答えた側も違反で、同じ２ペナルティがついてしまいます。

では、他人の使った番手を知るにはどうすればいいのでしょうか。上級者であっても、ティインググラウンドにはたいていクラブを２、３本もって上がります。そして、使う番手を決めたら、使わない番手は地面に置きます。置いてあるクラブが何番かわかれば、相手の使っている番手もおおよそわかり、それを参考に自分が何を使えばいいのかが判断できるはずです。

上手い人というのは、みていないようで、じつはこういうところはしっかりみているものです。これも、パッティングのラインと一緒で、さりげなくみるのがポイントです。

ちなみに、ほかのプレーヤーが使った番手を知ろうとして、その人のキャディバッグの中身を覗くだけなら問題ありませんが、フードにふれるなどして覗くと、それは違反になります。というより、そこまでやるのはみっともないのでやめましょう。

　また、使わなかったアイアンを拾うとき、手で拾うのはふつうですが、もう１本のアイアンを使い、ネックとネックを引っかけて拾い上げると粋にみえます。

# ショートホールで前の組がグリーンをあけてくれた場合は?

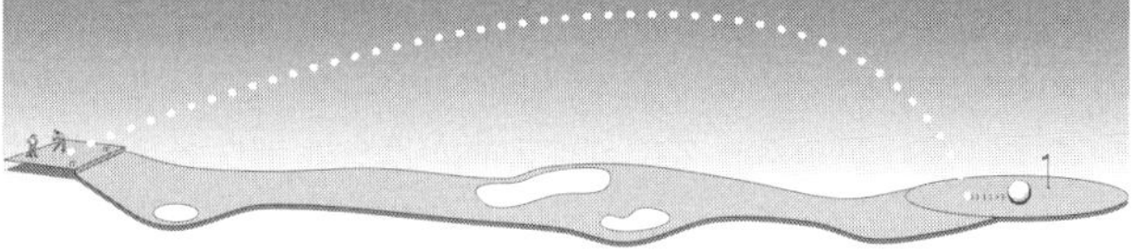

## ●どれだけ時間の節約になっているかは疑問

ショートホールでは、プレーの進行にもコツが必要です。

概念上、ティショットはグリーンに届くのが前提となっているショートホールでは、前の組のプレーヤー全員がホールアウトし、グリーンを離れてボールを当てる危険がなくなってからティショットを打つのが基本です。

ところが日本には、全員がグリーンオンしたあと、ボールをマークしていったんグリーンから離れ、後続の組に打たせるという独特の進行方法があります。これは、前の組がパッティングをしているあいだに、後ろの組がグリーン近くまで移動できるため、時間の節約になるという、いかにも日本人らしい知恵です。

こうしたシーンは、とくに進行が遅れ、前がつかえている状況でしばしばみられます。前の組の１人が手を上げると、後ろの組も手を上げてそれに応え、前の組のプレーヤーがみつめる前でティショットをします（じつはこれがけっこうなプレッシャーなんですね)。

そして、だれかが見事オンしたときには、拍手を贈るというのが一種のスタイルになっています。しかし、これがほんとうにスムーズな進行につながっているかどうかは怪しいところです。

**●無理して先に打つ必要はない**

そこで、ショートホールをプレーする際には、次のように考えましょう。

まず、進行がスムーズで、前の組がホールアウトまで続けてプレーしている場合は、こちらも同様にプレーすればいいでしょう。

次に、プレーが遅れ気味で、前の組が打たせてくれると合図を送ってきた場合は、２つの動き方が考えられます。

１つは、そのスタイルにのって、先に打たせてもらい、後ろの組にも同様に打たせます。全員がビギナーなら、それでいいかもしれません。

もう１つは、打たせてくれるという配慮を辞退してプレーを続けさせ、自分たちもホールアウトまで続けてプレーするというものです（キャディ付きの場合、キャディが打つように促すこともあります）。

この場合の合図は、「どうぞ先にやってください」と声をかけたり、ティインググラウンドから遠く離れ、プレーする意思がないところをみせたりするといいでしょう。

前の組にホールアウトまでプレーを続けてもらうのは、どうせ待つのであれば、プレーを中断して待つよりも、ホールアウトしたあと、次のティインググラウンドまで行って待つほうが、プレーのリズムを持続できるうえ、ムダな動きをしなくてすむという理由からです。ラウンドに慣れてきたら、実践してみることをおすすめします。

# あなたを“通”にみせるキャディとの会話術

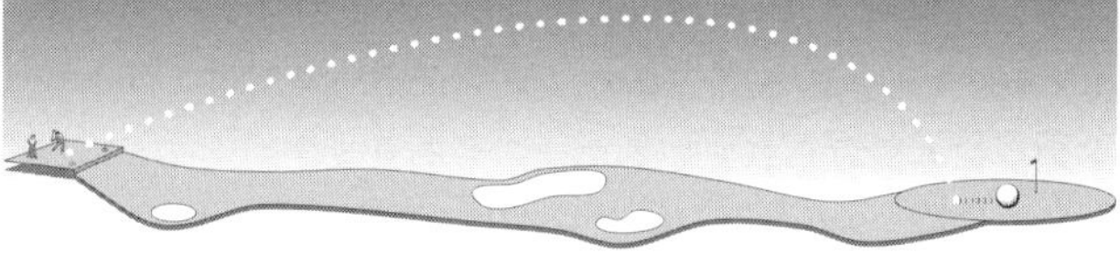


## ● OBゾーンをたずねるのは良し悪し

ゴルフでは、プレーするうえで、自分の目にみえるもの以外の情報が必要なケースがあります。とくに、はじめてプレーするコースで、ホールのレイアウトがわからない場合は、キャディにアドバイスを求めるのがふつうです。

たとえば、「このホールはどうなってるの？」「どこがねらい目？」などと、キャディに確認するのは初級編の質問といえましょう。

中級編としては、キャディから「左に**ドッグレッグ***しているので、右のバンカーをねらってください」というアドバイスがあったときに、「僕だったら、あのバンカーをねらっても**突き抜け***ないかな？」などと、自分の実力に即した質問をしてみましょう。

OBがあるのかどうか、ある場合にはどちらのサイドなのかをキャディに確かめる作業も、あなたを上手そうにみせるだけでなく、プレーに不可欠なものです。

ただし、ゴルフにはOBの位置を確認したとたん、ねらってもいないのになぜかボールがそこに行ってしまうという不思議な法則があります。あまり意識しないか、あるいは聞かなかったことにしてプレーするほうがいいかもしれません。

## ●「おぬし、できるな」的ゴルファーにみせるコツ

コースにはだいたい、グリーンまでの距離（ヤーデージ）を示す背の低い植木や杭が立てられています。距離表示は、ホールの左右どちらかに、グリーンまでそれぞれ150ヤード、100ヤードの地点にあり、ロングホールでは、200ヤード地点にも設けられているケースもあります。

杭の場合、200ヤード地点の杭には横線が3本入っていて、150ヤードで2本、100ヤードで1本と線の本数で距離がわかるようにしているコースもあります（色分けしているケースもあり）。また、フェアウェイのスプリンクラーのフタにグリーンまでの残りの距離を表示しているコースもみかけます。

2グリーンのコースでは、表示も左右両サイドにあるはずですから、その日使用しているのが右グリーンなら右の表示を、左グリーンなら左の表示をみる必要があります。右グリーンをねらうのに、左サイドに立っている植木を目安にしてしまうと、距離が狂いますから注意しましょう。

グリーンまでの距離も、コースによって手前の**グリーンエッジ***までのケースと、グリーンのセンターまでの場合があります。そこで、ラウンドする前にキャディに、「ここのヤード表示は、エッジまで？　それともセンター？」などと質問すると、いかにも「おぬし、できるな」的ゴルファーにみてもらえます。

こんなことをたずねるのも、プレーに必要な情報だからです。距離を打ち分ける実力がなくても気にすることはありません。聞かなければ正確な距離がわからないし、わからなければ、いつまでたっても距離を打ち分けることができません。ビギナーのうちから聞く習慣をつけておくべきです。

セルフプレーの場合には、キャディマスター室に行って、

仲間のいる前でたずねてもいいでしょう。そうした情報はほかのプレーヤーもまちがいなく必要ですから、感謝されこそすれ、「ビギナーのくせに生意気だ」などと反感を買うことはないはずです。

また、２グリーンの場合、季節によって２つのグリーンを使い分けるときに、いっぽうが**ベント芝***で、もういっぽうが高麗芝であるケースもあります。

その日使用しているグリーンがどちらの芝なのかは、練習グリーンをみればわかりますが、ビギナーのうちはわからないかもしれません。そんなときには、キャディに、「今日はどっちのグリーン？」と聞いておくようにしましょう。

見分けがつかないというのが恥ずかしければ、「パットの練習ができなかったから」とでもいいましょう。それくらいの見栄は許されます。

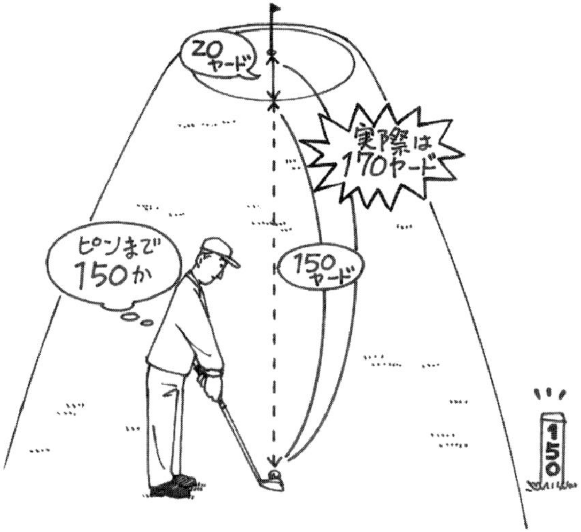

# キャディを味方につける とっておきのマル秘術

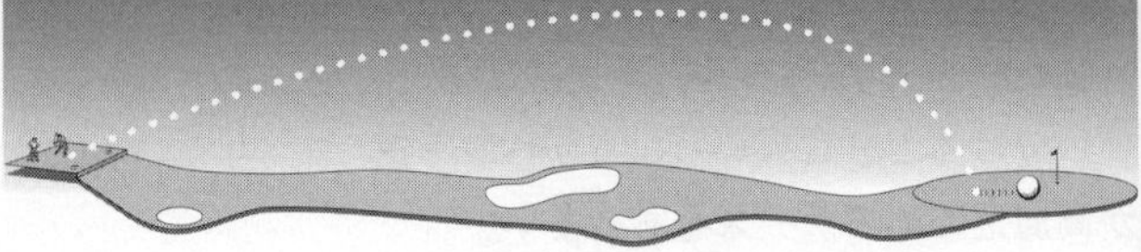

### ●キャディの前で知ったかぶりをするな

　あなたが、ゴルフコースでの勝手がわからないビギナーであるなら、絶対にキャディを味方につけたほうが得です。キャディに気分よく働いてもらえば、スコアにいい影響をおよぼすだけでなく、その日１日を気分よく過ごせます。

　ご存じのように、日本のゴルフ場で働くキャディ（トーナメントプロと契約して全国を転戦する「帯同キャディ」に対して、こちらを「ハウスキャディ」と呼ぶこともあります）は、99パーセントが女性です。全国のキャディの平均年齢が上昇している感があるのは、男性ゴルファーには残念かもしれませんが。

　キャディを味方につけるには、その女性がよほどの変わり者やひねくれ者でもないかぎり、相手の性格に合わせてみることです。ビギナーのうちは、とくにキャディのいうとおりにしたほうがいいでしょう。

　キャディもベテランになると、客の立ち居振る舞いをみれば腕前がわかるといいます。たとえば、どこか落ち着かないゴルファーをみれば、「ビギナーが来たな」と思っているはずです。

　そんなときには、「下手なのでよろしく」と謙虚になること。キャディにだけは見栄を張らず、等身大の自分をアピールしましょう（なんだか結婚セミナーみたいですが）。偉そうにしたところで、できるキャディにはすぐに見抜かれてしまいます。

ビギナーにとっていちばんつらいのは、ベテランのキャディに見放されてしまうことです。もちろん媚びへつらう必要はありませんが、いちいち逆らうのはやめたほうが無難です。キャリアを積んでからも、はじめてのコースでプレーするときには、ホールの特徴などについて素直に教えを乞うことが大切。

知ったかぶりをして聞こうとしないのが、いちばんみっともないものです。

## ●自分流のクラブの使い方があれば早めに伝える

自分のクラブの使い方に特徴があれば、早めにキャディに伝えておくことが大切です。たとえば、ドライバーの調子が悪く、ティショットでは3番ウッドを使うと決めているなら、その旨を伝えておきます。

また、アプローチでは決まった番手しか使わないという人は、「僕はサンドウェッジだけでいいよ」などと伝えておけば、キャディはいちいち聞かずにすむので、早くクラブの準備ができます。

もし、ほかの番手を使いたい状況が生じたときは、なるべく早めにキャディに伝えるか、あらかじめ自分でもっていくといいでしょう。

ただ、キャディのなかには、やたら杓子定規に振る舞う人がいます。たとえば、地形上、ティインググラウンド近くまでカートが行けないホールにくると、「ここでドライバーをもってください」と、このホールはドライバーでティショットしなさいといわんばかりに、半ば強制的にドライバーを使わせようとするケースがあります。

ビギナーであれば素直に従ってもいいのですが、人によってはドライバーで打つと飛びすぎてフェアウェイを突き抜けてしまうこともあります。

こういうとき、キャディに悪気はないにしても、打った本人は気分が悪くなります。キャディにそういわれたときには、ホールの様子を聞いて、必要であれば、ほかのクラブももっていくといいでしょう。

### ●キャディを名前で呼んでみよう

キャディの心をつかむには、会話をするのがいちばんです。話題は、ゴルフと無関係のほうが相手もリラックスします。一般的なのは、その土地の気候の話題でしょう。はじめて訪れた土地なら、おいしいものや名産をたずねるのもいいかもしれません。

また、そのコースがいわゆる名門で、あなたが好きなコースなら、ほめるのもいいでしょう。職場をほめられて気分を悪くする人はいないからです。

「いいコースですね」「いつか来たいと思っていたんです」などといえば、それだけでキャディの機嫌がよくなること請け合いです。

キャディからは、コースにまつわるさまざまな話が聞けます。

たとえば、「このコースに生えている木はほとんど国有林だからむやみに伐採できず、そのためにこんなに木がせり出しているんですよ」などといった、ガイドブックにはあまり書いていない情報も知ることができるのです。

コースによっては、過去にプロの試合を開催していることもあります。プロの試合を開催するには、コース側の多大な協力が必要で、期間中はキャディたちも忙殺されます。

そのため、試合の様子をたずねると、愚痴を聞かされることもありますが、たいていのキャディ、とりわけベテランは、「あのときは、○○プロについてねぇ。いい人だったわ」などと、目を細めてうれしそうに昔話をしてくれます。プロトーナメントに興味がある人は、いろいろ質問してみるといいかもしれません。悪口を含め、プロの意外なエピソードが聞けるはずです。

そういえば、ゴルファーのなかには、キャディを“のせる”コツとして、「キャディさん」ではなく、「渡辺さん」などと名前で呼ぶといい、と主張する人もいます。

たしかに、夫婦でも、子どもができたからといって、夫が妻を「お母さん」と呼ぶより、恋人時代と変わらずに「涼子」などと名前で呼んだほうが女性はうれしいものであるという話はよく聞きます。

みなさんも試しにキャディを名前で呼んでみてはいかがでしょう。ただし、寝言と同じで、けっして名前をまちがえないように。

# 使いこなしたい通なゴルフ用語

ベテランゴルファーでも意味をとり違えている言葉があるはずです。

**◉ダッファー**
もともとはダフり専門のゴルファーを指すが、それが広がって「下手なゴルファー」の意味に。

**◉ルース・イン・ペディメント**
「自然物」の総称。石や木の葉、枝、動物の糞、虫類など。噛まずにいえるだけで尊敬される。

**◉レート・ヒット**
腕よりクラブヘッドが遅れて下りてきて、ボールをヒットすること。上手い人のショットはすべてこれができている。

**◉ファースト・カット、セカンド・カット**
前者はフェアウェイとラフの中間の長さの部分（セミラフともいう）、後者はラフの別称。

**◉フライヤー**
ドロップともいい、おもにラフからのショットで、アイアンのフェースとボールのあいだに芝が挟まって、通常よりもボールが飛んでしまうこと。ミスの言い訳に使われることも多い。

**◉レイアップ**
グリーンに届きそうでも、次打以降を考えあえて短い番手でショットすること。「池の手前にレイアップする」などと使う。「刻む」ともいう。

**◉ピンハイ**
ピンをねらったショットの距離感が合うこと。「第２打をピンハイにつけた」などという。グリーン近くからのショットには使わない。

**◉チップ（ショット）**
ロフト角の少ないクラブで、低く打ち出して転がすショット。アプローチショットが直接カップに入れば「チップイン」。

**◉ピッチ（ショット）**
高く上げ、ピタリと止めるショット。高く上げたあと、転がすショットを「ピッチ・エンド・ラン」という。

**◉ダウン！**
「落ちろ、着地しろ」の意。上手くてキザなゴルファーが使う。

**◉バイト！**
「止まれ」の意。ショットしたボールがグリーンからこぼれそうなときに使う。

**◉エース**
「ホール・イン・ワン」の別称。このほうがなぜか玄人っぽく聞こえる。

# Chapter 5

# フェアウェイ｜編

# スロープレーを防止する素振り&パスの方法

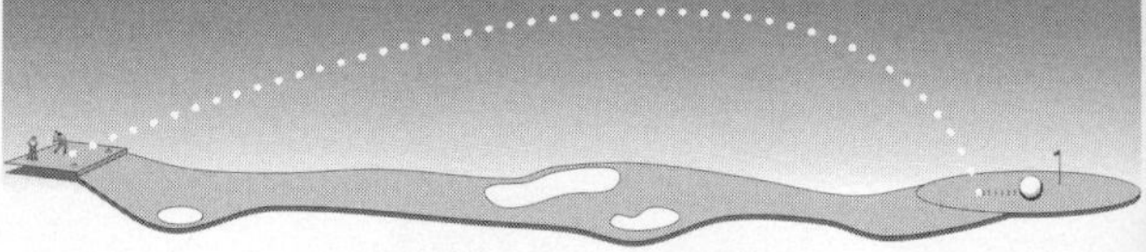

**●素振りのしすぎがスロープレーを招く**

ゴルフでは、きびきびとプレーをし、あまり時間をかけないことがマナーの1つとされています。というより、マナーのなかでも、もっとも重要とさえいえるかもしれません。

ゴルフが生まれたイギリスでは、スロープレーはエチケット違反とみなされます。プレーが遅いと、ゴルファー失格というわけです。白洲次郎氏が理事長を務めた軽井沢ゴルフ倶楽部では、背中に「PLAY FAST!」と大書したTシャツをつくって、てきぱきとしたプレーを促したといいます。

日本では近年、18ホールを続けてまわる「スループレー」を取り入れるコースがふえつつありますが、少なくとも1950年代まではそれが当たり前で、1ラウンド3時間が標準と考えられていました。

まあ、そこまでは無理だとしても、多くのコースで「ハーフ2時間15分以内で」とプレーヤーに案内していますから、それをめざす必要があります。混雑の具合にもよりますが、パー4のホールのティに着いたとき、前の組がグリーン上にいたら、あなたの組はペースが遅いといえるでしょう。

スロープレーの原因として、ビギナーにありがちなのが、素振りのしすぎです。素振りを3回も4回もやるのは、時間がかかるだけでなく、周りのプレーヤーを苛立たせます。素振りは多くて2回までと心得ましょう。力いっぱいにブンブン振りまわすのもダメ。あくまでイメージトレーニングと考えて、軽く、優雅にスイングしてください。

また、ティショット以降は、ほかのプレーヤーがクラブを選んだり、素振りをしているあいだに、あなたは自分のボールに近づいておくことが大事です。

**●プレーが遅くなったら後続をパスさせる**

ビギナーどうしでラウンドする場合は、要領がわからないため、どうしても遅れてしまいがちです。早くプレーしたくても、打数が多くなれば、それだけ時間がかかってしまうからです。さらに、後ろの組が待っているのをみると、ますます焦ってミスをするという悪循環に陥ります。

そんなときには、後続を「パス」させましょう。日本のゴルファーの多くはパスを恥ずかしいと思っているのか、なかなかパスさせたがりません。でも、前の組とまるまる1ホールも差がついてしまうなど、進行についていけないときは、後続の組をパスさせるのがゴルフ本来のエチケットです。

プレーの進行が遅く、後ろの組を待たせることが多いと思ったら、ティインググラウンドで待っていて、「お先にどうぞ」と、さわやかに声をかけましょう。ボールを探していて、すぐにみつかりそうもないときも同じです。

ただ、前の組のプレーが遅いと文句をいう人にかぎって、自分もプレーが遅いという不思議な法則があります。他人にプレーが遅いと怒る前に、自分がてきぱきとプレーできているかを胸に手を当てて考えてみてください（あっと、それをフェアウェイで立ち止まってやってはいけませんよ）。

# 5番アイアンだと思ったら4番と6番ももっていく

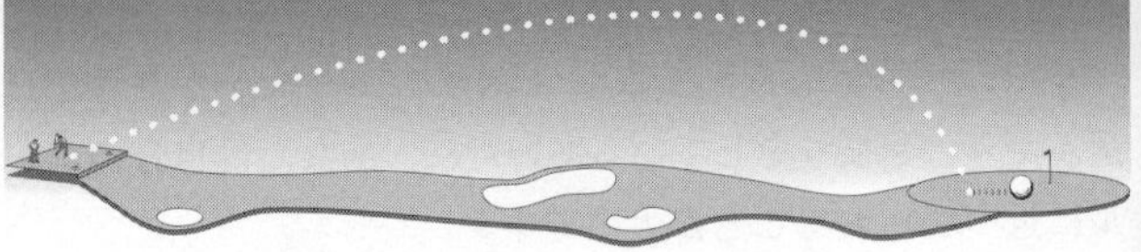

## ●次打地点には必ずクラブを２、３本もっていく

あなたのティショットが美しい放物線を描き、見事、フェアウェイをとらえたとします。あなたはさぞかし気分がいいでしょう。それに水を差す気はさらさらないのですが、あなたが手ブラで第２打地点まで歩いていってしまったとしたら、「ちょっと待った！」といわねばなりません。

手引きカートや、フェアウェイに乗り入れ可能な乗用カート、または**担ぎ***でプレーしている場合には、第２打地点に着いてから、使いたいクラブを選択してもいいでしょう。

でも、そうでない場合は、クラブ（乗用カートであれば、あなた自身も）を積んだカートは、カートパスと呼ばれる専用道路を走行しているケースが多く、しかも多くの場合、その道はホールの端、ときには林のなかに敷かれているのです。

そうなると、歩いてボールまで行ってしまった場合には、遠く離れたカートまでクラブを取りにいかなければなりません。それは明らかに時間のムダであり、スロープレーの原因になります。

キャディがいればクラブをもってきてくれることもありますが、プレーヤーが４人ともフェアウェイをキープしているケースは、アマチュアでは稀。林のなかに打ち込むことも多く、みんながみんなキャディに頼っていては、進行が遅れるばかりです。

したがって、どんなにいいショットを放ったときでも、ボールに向かうときには、あらかじめ使いそうなクラブを3本ほどもっていくようにします。乗用カートの場合にも、カートを離れるときには、残りの距離をキャディに聞くなり、自分でおおよその見当をつけるなりして、複数のクラブをもっていくようにしましょう。

たとえば、5番アイアンの距離かなと思ったら、その前後の4番と6番のアイアンももっていくようにします。ただし、これも、打ち上げや打ち下ろし、風の向き、**ライ***の状態などによって変わってきます。どのクラブをもっていくかは経験でつかむしかないでしょう。

また、林に打ち込んだときには、連続した番手をもつよりも、5番アイアン、7番アイアン、ピッチングウェッジとロフト角に開きがあるクラブをもつといいでしょう。

ビギナーの場合、ロフトのあるウェッジ類だけをもっていくケースが多いのですが、横に出すだけの場合でも、ボールを低く打ち出して枝の下を通したほうがいいことがあります。そういうケースを想定して、ロフトの少ないクラブをもっていくのです。

## ●キャディはプレーヤー個人ではなく組につくもの

これは以前、女性のキャディから聞いた話なのですが、ある男性客は、「次に使うクラブをもっていってください」と何度お願いしても、一度もクラブをもとうとせず、自分のボールのあるところに行ってから、「おい、5番アイアンちょうだい」などと彼女を呼びつけたそうです。

これだけでも問題なのに、さらにそのゴルファーは、ショットを曲げてボールが斜面の上のほうに止まってしまったときも、手ブラで歩いていき、斜面の上から、クラブを上までもってくるようにいい放ったそうです。

あなたは、絶対にこんなことをしてはいけません。同様に、林のなかや、隣のホールからキャディを呼びつけるなどは、ゴルファーとして最悪の行為といえましょう。

金を払っているのだから、こき使って当たり前という態度は、あまりにセコすぎます。そういう人は、知らず知らずのうちにキャディから扱いの面で不利益を被っているかもしれません。キャディも人間ですから、気配りのあるお客のほうに無意識にやさしくするのは当然と申せましょう。

そもそも一般営業日のゴルフコースのキャディというのは、組につくものであり、プレーヤー個人につくわけではありません。どうしても自分の好きなように使いたいなら、プロのように自分専用のキャディをつけることです。

その点、上手い人というのは、たいてい、みずから進んでキャディバッグからクラブを数本抜いてもっていくものです。それは、状況をよく見極めてから番手を決める必要があるからであり、ボールの地点まで行ってキャディとやりとりするムダを省き、プレーに集中したいためです。

# ほかのプレーヤーのボールを追い越すのは危険

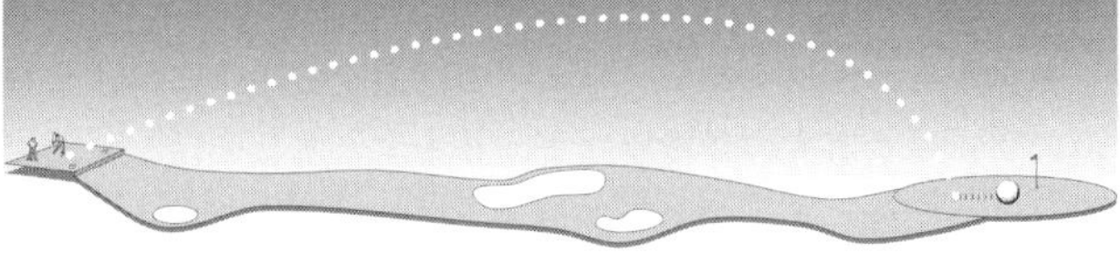

## ●ゴルフ場には危険がいっぱい

ティインググラウンドでの動き方は、Chapter4に書いたとおりですが、第2打以降では、また別の注意が必要になります。

ゴルフには、カップから遠い位置にあるボールから先に打つという大原則があります。これは、ティインググラウンドからカップに向かってプレーしていくことを考えれば当然とも思えますが、それには「追い越しは危険だから」という理由もあります。

たしかに、自分のボールまで急ぎたい気持ちはわかります。とくに、林のなかや隣のホールへ打ち込んでしまったときなどは、早くみつけるに越したことはありません。しかし、ほかのプレーヤーのボールを追い越してしまうと、後ろから打ってきたときに当たる危険があるのです。

グリーン方向ではなく、右か左に避けていれば大丈夫だろうと思っても、ゴルフには**シャンク***や**ひっかけ***というミスがあります。これは、上級者であってもまったく出ないとはいいきれない恐ろしい代物です。とくにビギナーのシャンクは真横（プレーヤーの正面）に飛び出すため、さらに危険です。

それに、ほかのプレーヤーのボールより先に進むと、その人の視野に入り、集中を妨げることにもなります（ボール後方に立ってはいけないのは、ティインググラウンドからグリーンまで同じです）。

ですから、ラフやフェアウェイで待機する場合には、これからプレーする人の背後側にまわります。あるいは、正面で待つ場合には、たっぷりと距離をとるよう心がけましょう。

# 予備のボールはつねに2個ポケットに入れておく

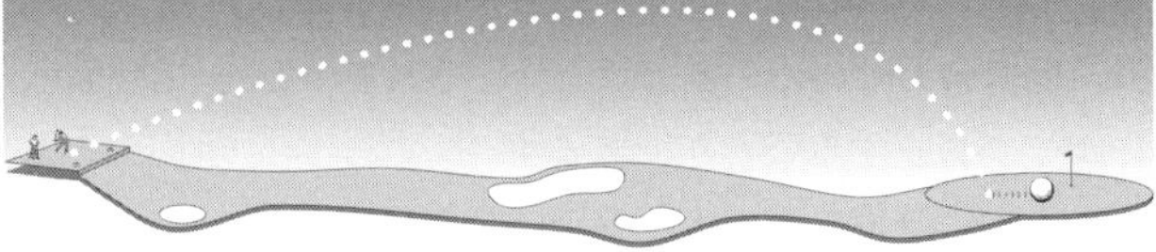

## ●補給の仕方しだいでスロープレーになる

ゴルフとは、予想もしない出来事が起こるものです。ビギナーのうちは、予想外のことしか起こらないとさえいっていいかもしれません。

そのうちの1つが、OBや林、池などに打ち込むために、驚くほどボールが早くなくなってしまうことです。ボールの補給は、やり方を誤ると、恐ろしく時間がかかることになり、スロープレーの原因になります。逆にいえば、効率よくボールを補給できれば、その分ゆとりができて、プレーに集中できるのです。

そこで、ラウンド中は、必ず予備のボールを"身につけて"おきます。これは、カートから離れた場所でミスショットをして打ち直すことになったとき、わざわざカートまで取りにいかずにすむようにするためです。それは、あなたの労力を減らすためというより、プレーの進行が遅れるのを防ぐ意味合いのほうが強いといえるでしょう。

予備球の数ですが、1個だけではビギナーは心許ないですし、かといって3つも4つももってポケットをパツンパツンに膨らますのはダサすぎます。左側（左利きの場合は右側）の前後のポケットに1個ずつというのが適当でしょう。

### ●自分のボールをキャディに預けておこう

それでも不安なら、キャディに自分のボールを１、２個預けておくといいかもしれません。そうすれば、連続OB（ビギナーでなくてもありがちです）などで足りなくなったときでも、間に合わせのボールではなく、それまでと同じ銘柄のボールでプレーすることができます。

さらに、予備のボールが手元になくなり、キャディもカートも遠いときは、銘柄にこだわらず、仲間のボールを借りて（あくまでプライベートなゴルフの場合です）進行優先を心がけましょう。

予備のボールをもつ際に気をつけたいのは、ウエストバッグを腰につけること。あれは、あまりカッコよくないので、スタイリッシュなゴルファーをめざすならおすすめしません。

女性のウェアにはポケットが少ないためやむをえないともいえますが、垢抜けない印象を与えてしまうのは覚悟しましょう。打数を数える「カウンター」も同様です。どうしても使いたいなら、せめてポケットに忍ばせて、こっそり数えるようにしたほうがいいかもしれません。

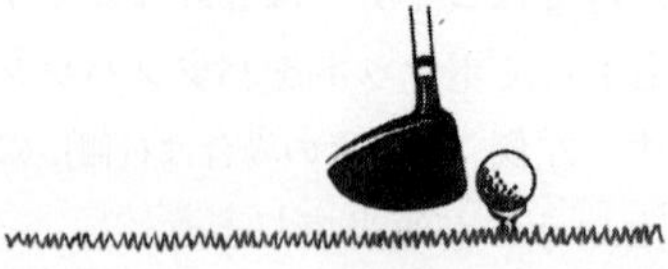

# 「6インチプレース」を当たり前のように行うのは見苦しい

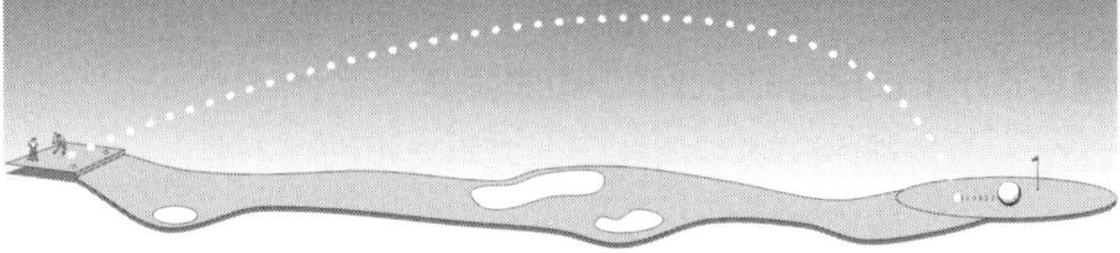

## ●6インチ以上動かしているゴルファーのほうが多い!?

アマチュア・ゴルファーのなかには、ボールがフェアウェイにあってもラフにあっても、ボールを拾い上げ、置き直す人が数多く存在します。

「最近どうですか？」などと世間話をしながらボールを拾い、置き直すサマはまるでなにかの儀式のようです。こうした行為は、「6インチプレース」という、コースが定めるローカルルールが根拠になっています。

6インチプレースは、コース側がおもに冬場に芝生保護という名目で設けるルールです。しかし、修理地（青杭で囲んであるエリア）でもないかぎり、どこでショットしたところで芝は傷つくことを考えると、このルールは摩訶不思議です。ゴルフは下手なのに発言力はあるというメンバーが、打ちやすいところに置きたいがためにつくらせたルールなのではないかと勘ぐりたくなります。

6インチというと、15.24センチメートルにしかなりませんから、グリップ1つ分も動かしてしまえばルールに違反している可能性が大です。実際には6インチ以上動かしているゴルファーが少なくないはずです。

それに、ボールは、もとあった位置からホールに近づかないようにしないといけません。この原則は**ドロップ***と同じですが、これも守られているかどうかはかなり怪しい状況です。

### ●あるがまま打つのがゴルフの醍醐味

「ゲーム精神が旺盛であれば、ゴルフ規則は不要」

これは、USGA（全米ゴルフ協会）の初代副会長として、規則やアマチュア規定の草案をつくり、第1回全米アマチュアゴルフ選手権のチャンピオンにもなったチャールズ・マクドナルドの言葉です。

ゴルフ史研究の日本の第一人者で、ゴルフ関連書籍の世界的コレクターでもあった故・摂津茂和氏によると、ゴルフがアメリカに持ち込まれた19世紀終わりには、ゴルフルールの原則である「ボールはあるがままの状態で打て」（Play the ball as it lies.）という精神がまだ理解されず、各コースが勝手にローカルルールをつくり、ゴルファーたちは悪いライにあるボールを置き直していたといいます。

そうした状況を、スコットランドの**セント・アンドリュース***でゴルフを覚えたマクドナルドは嘆き、みずから模範となるべく、生涯、あるがままにプレーすることを実践しました。しかし、残念ながら、日本ではマクドナルドが忌み嫌ったアメリカ流の悪しき慣習が残ってしまいました。

あなたがスタイリッシュ・ゴルファーをめざすなら、6インチプレースなどという見苦しいことをしてはいけません。仲間がそれをした場合、注意するのが難しければ、鼻で笑ってやりましょう。トラブルからのリカバリーショットも、ゴルフの醍醐味の1つです。ビギナーのうちから、ボールには手をふれず（これを、6インチプレースに対して「ノータッチ」

といいます)、あるがまま打つ癖をつけましょう。

周りから、キザだ、カッコつけだといわれようがいいのです。それが本物のゴルフなのですから。

それに、きびしいことをいうようですが、スコアが100以上のゴルファーは、晴れていようが曇っていようが、6インチプレースをしようがしまいが、スコアはさほど変わりません。

マクドナルドはまた、自身の回顧録のなかで、

「スコットランドでは、ゴルフで不正がみつかると、そのまま仲間はずれにされ、二度と一緒にプレーしてもらえない。この刑罰は、どんな法律的な制裁よりも厳しかった」(摂津茂和訳)

と述べています。

アメリカでは、スコアをごまかすゴルファーを「フロッグ」と呼びます。この言葉は、スコアのごまかしはゴルフを裏切る行為、だから“golf”を逆さにして“flog”としたのが語源といわれています。

これからゴルフを覚えようしているみなさんは、くれぐれも「フロッグ」と呼ばれないよう、正しい道を歩んでくださいね。

# 自分で距離の判断ができるようになるともっと上達する

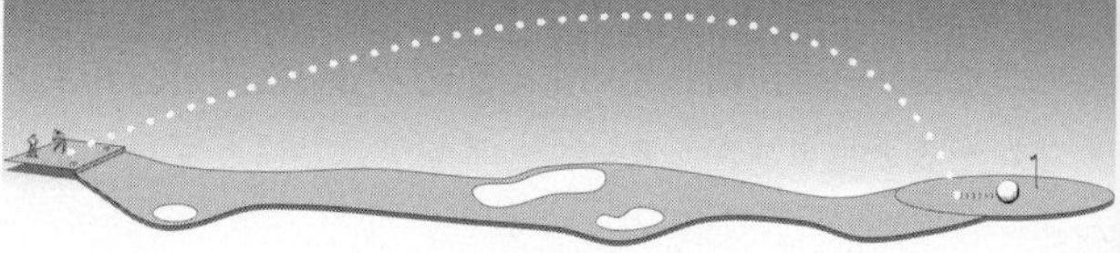

### ●グリーン上のカップの位置を知る方法

グリーンまでおよそ180ヤード。まだまだ距離はあるけれど、とりあえず届きそうなクラブで打ってみるか……。

こうした状況では、ビギナーであれば、グリーンにのせるだけで御の字なのですが、上達するためには、ここでもう1つ見栄、ではなくて向上心にあふれているところを周りにみせましょう。

ピンポジション、つまりホールカップがどこにあるか、通の言い方をすれば、どこにカップが「切ってある」かを知ったうえで、グリーンをねらうのです。

カップのおおよその位置を知る方法ですが、セルフプレーの場合、カップ位置を記したシートが参考になります。これには、「手前エッジから10ヤード、右エッジから8ヤード」などと具体的に書いてある場合や、グリーンをいくつかのエリアに分け、「本日のエリア＝A」などとだいたいの位置を表示するケースなどがあります。こうしたシートは、カートに積んであるのが一般的です。

このほか、コースによっては、ピンの竿に球状のものをつけてあることもあります。球が真ん中くらいの高さにつけてあれば、カップはグリーンの真ん中、上にあれば奥、下のほうについているならグリーン手前、というふうに、球の位置でグリーンのどのあたりにカップを切ってあるかがわかります。これは、打ち上げなどでピンの根元がみえないときには、かなり参考になります。

キャディ同伴の場合には、おおよそのカップの位置を教えてくれるはずですし、できるキャディになると、打ち下ろしや打ち上げ、風向きなども考慮して、何ヤード打てばいいかをアドバイスしてくれるものです。

その際、「ピンは手前なの？　けっこう奥にみえるね」などというやりとりをすれば、表面上はいっぱしの上級者にみえます。

## ●景色の話をして余裕をみせる

ゴルフでは、距離に応じてクラブの番手を決めますが、グリーンまでの距離が同じでも、ボールがフェアウェイにあるか、ラフにあるか、あるいはバンカーに入っているかで選ぶ番手は変わります。

そのため、ビギナーはどのクラブで打てばいいかをキャディに相談し、アドバイスを受けるケースが多くなります。これはまあしかたがないのですが、いつまでもキャディに聞いているようでは進歩は望めません。

ボビー・ジョーンズ（➡p.24参照）は、「距離の判断もゴルフゲームの要素の１つだ」と述べています。

ですから、ある程度、飛距離を打ち分けられるようになったら、自分自身で最適なクラブが何かを考えなければなりません。キャディのアドバイスはあくまで参考意見と考えて、最後は自分で判断することです。

ただし、日本のコースは、ティインググラウンドの表示も含めて、実際よりも短い距離が書かれていることが少なくありません。これを「距離の表示が甘い」と表現します。

たとえば、表示では150ヤードとあるのに実際には140ヤードしかない場合、150ヤードだと思って打てばピンをオーバーしてしまいます。すると、「自分が思っているより飛ぶんだなぁ」とゴルファーは感じます。そうやってゴルファーを気持ちよくさせるわけですね。

まあ、コース側のサービスともいえますが、まじめにプレーする身にはたまりません。最後は自分自身の目でみて、距離をジャッジすることが大事です。

ショットが風の影響を受けそうな場合には、必ず風の向きを確かめます。風向きを確かめるには、芝を数本ちぎって、頭よりやや上の高さにフワッと投げてみるといいでしょう。ウケねらいで指をなめてもかまいませんが、スベると夏でも寒くなりますから注意してください。

こうしたプレーに直接関係する景色とは別に、自然の景色に目をやることも大事です。キャディや仲間と、「今日はいい天気だね」「風が気持ちいいね」「桜が見ごろだ」などと会話してみましょう。

全米プロゴルフ選手権5勝をはじめ、メジャーで11勝をあげ、今日のプロゴルフ隆盛の基礎を築いたアメリカのプロ、ウォルター・ヘーゲンはこういっています。

「あなたがゴルフコースにいるのは、ほんのわずかなあいだだけ。だから、急ぐな、くよくよするな……そして、途中に咲いている花の香りをかぐことだ」

あなたがビギナーであっても、これくらいの余裕をもちましょう。そんな優雅な姿こそ、周囲の目にはまさにスタイリッシュに映るはずです。

# ショートホールやグリーン手前で歩測を欠かさない

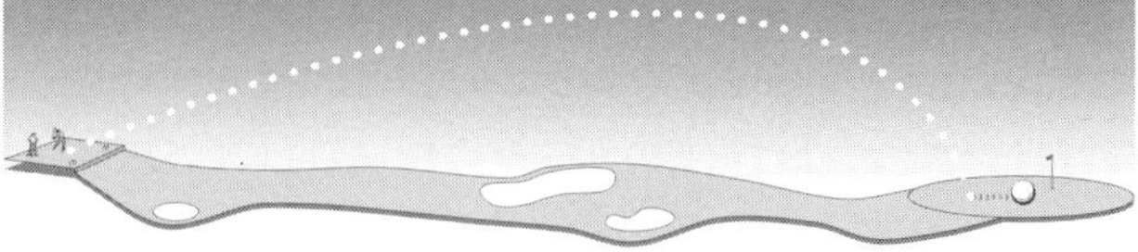

## ●歩測は下手なうちから意識してやるべし

グリーンの近くまでやってきたとき、多くの上級者やプロがやっているのが、ボールからグリーンエッジまでの歩測です。あらかじめ自分の歩幅をつかんだうえで、ボールからエッジまでを歩測し、正確な距離を割り出します。

このとき、ボールとエッジとの中間地点当たりで、必ず素振りをするようにします。中間地点までくれば、グリーン上の起伏がみえることもありますし、距離感もより具体的にイメージできるからです。

こうした仕草について、「下手なんだから、こんなことをしてもムダだ」「これでミスをしたら恥ずかしいだけだ」と考えるかもしれませんが、これが上手くできるようにならないと上達しない、という言い方もできます。最初はただのカッコつけでかまいません。いつしか意味のある動作になればいいのです。

風向きや芝目を読むということは、考えながらゴルフをしているのを示すことにもなります。それは、上手くなるための近道であり、下手なうちから意識してやるべきことです。

ゴルフを知っている人なら、ビギナーがやってもけっして非難はしないでしょう。むしろ、「それだけ上手くなりたいんだな」と、その熱意を認めてくれるはずです。

ゴルフには、「プレショットルーティーン」といって、ショットの前に行うお決まりの動作があります。人によって動作はそれぞれですが、目的は共通しています。それは、どんな状況でも同じ手順を踏むことでリズムをつくり、いつも同じスイングにつなげるということです。

ルーティーンには、素振りや**ワッグル***、大きく深呼吸する、などがありますが、歩測のあいだに小さな素振りを入れるのも、スムーズにショットを打つための準備といえます。

**●ショートホールで歩測する場合の注意点**

なお、歩測に関して、意外とゴルファーの多くがやらないのが、ショートホールでの歩測です。どこでするのかといえば、何を隠そう、ティインググラウンドです。

ティインググラウンドには、ホール数と「157Y」などとヤーデージを書いた看板が立っています。そこがフラットなホールであれば、多くのゴルファーは、「グリーンのセンター（コースによっては手前のエッジ）まで157ヤードあるんだな」と考え、カップの位置から距離を割り出して打ちます。しかし、看板とティマークが前後していれば、実際の距離は表示とは違うのです。

そんなときには、看板とティマークのあいだを歩測して、ピンまでの距離を計算します。これは、実際にプレーに必要なだけでなく、周囲に「やるな」と思わせることができる上級レベルのテクニックです。

たとえば
素振りをする
ワッグルする
足踏みする
体をゆらす

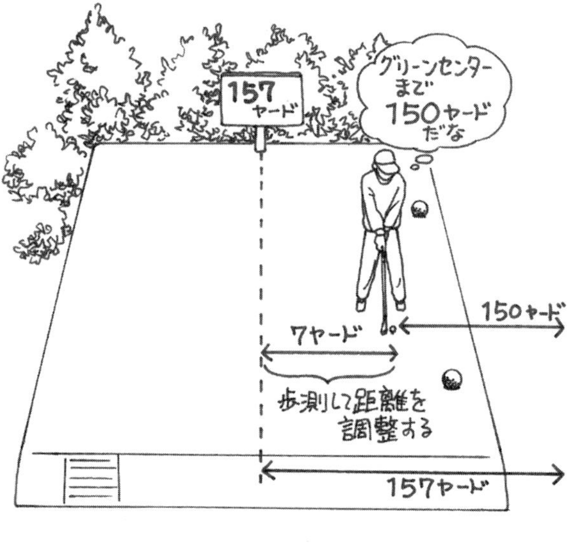
157ヤード
グリーンセンターまで150ヤードだな
150ヤード
7ヤード
歩測して距離を調整する
157ヤード

# アプローチやパターでグローブを外すとカッコいい

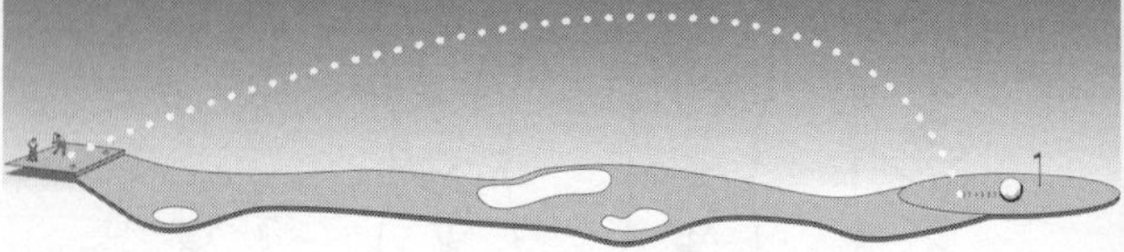

**●プロが小技でグローブを外すほんとうの理由**

グリップのすべり止めとして手につけるグローブですが、プロを筆頭に、パターや短いアプローチショットではグローブを外すゴルファーのほうが多数派といえます。

その理由としては、「パッティングなどの小技には繊細な感覚が必要なため」といわれますが、これもわかったようでよくわからない抽象的な表現です。考えてみれば、フルショットでも、すべらなければグローブをする必要はありません。現に、すべての番手でグローブをしないゴルファーはいます。

したがって、「力を入れない小技では、グリップがすべる恐れがないから」というのがほんとうの理由だと思われますが、プロをはじめとして、小技でグローブを外すのは、たぶんにカッコよくみせたいという心理が働いているようです(これとは別に、サラリーマンゴルファーのなかには、グローブをする部分だけが陽焼けせずに白く残ってしまうのを防ぐために、打つとき以外はできるだけグローブを外しておく、という工夫をしている人もみられます)。

現に、かつて関東のアマチュアタイトルを獲得したこともある女性ゴルファーは、「パッティングでグローブを外す理由？　プロがやっているのをみてカッコいいと思ったから」と告白しています。

## ●グローブは広げた状態でポケットに軽く差し込む

たしかに、グローブをした場合としない場合とでは、たとえば、パターのスイートスポットを外して打ったときに、手に伝わる衝撃の大きさが違います。芯に当たったときには、素手のほうが快い感触が手のなかに残ります。

その意味で、ふだんから素手で打ち、芯に当たったかどうかを感じ取っておけば、本番でも芯でヒットする確率は高まるでしょう。ただ、本番では、芯に当たったかどうかわかっても、そのときにはすでにボールを打ってしまったあとですから、どうしようもないのですが。

グローブを外す行為は、周りの状況が落ち着いてみえていることを示す証拠だともいえます。キャディや仲間と会話しながらさりげなく外せば、なおいいでしょう。

グローブを外すときに、まちがっても歯で挟んで引っ張ってはいけません。そして、外したグローブはたたまずに、できるだけ広げた状態で、後ろのポケットに、指が出るように軽く差し込むと粋にみえます。

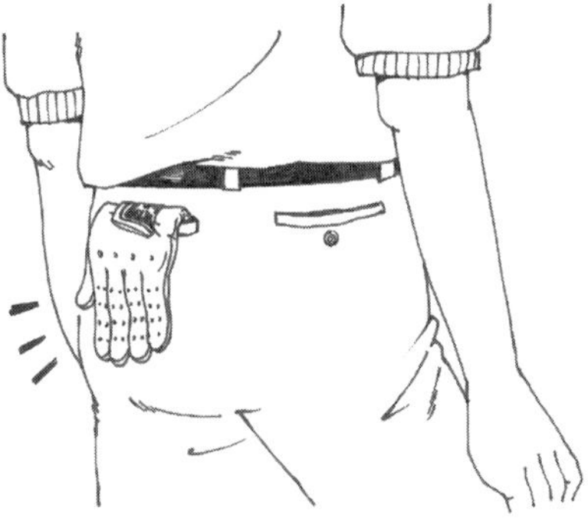

# グリーンに近づいたら早めにパターを手にする

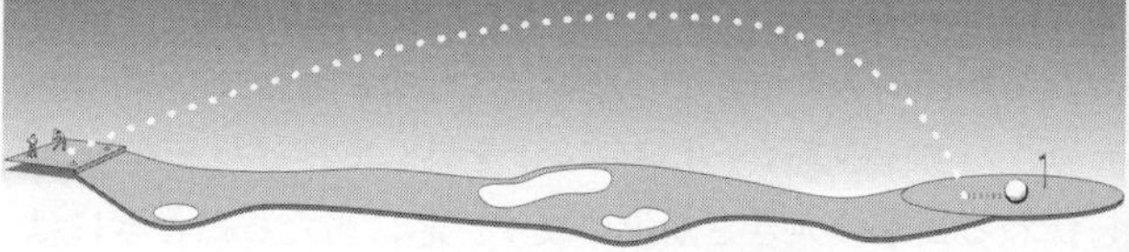

**●パターはグリーン上で受け取るものではない**

ショットを重ね、だんだんグリーンが近くなってきたら、ウェッジ類だけでなく、パターも一緒にバッグから抜いておきます。

これは、格好をつけるためというよりも、その後のプレーをスムーズに進めるのが目的。腕前にかかわらず、パターは早めに手にするのが肝要です。

グリーンにのってからパターを取りにいくのでは遅すぎます。乗用カートなどでのセルフプレーの場合、カートはグリーンの向こう側のはるか遠くに停まっていることも多く、行って帰ってくるだけでずいぶん時間を食ってしまうからです。そのときには駆け足になるケースもあり、息が乱れてパッティングに悪い影響も与えかねません。

キャディがつく場合でも、パターはグリーン上で受け取るのではなく、早めに自分でもちましょう。

また、オンしたと思っても、グリーンまで行ってみたらボールが奥にこぼれてしまっていた、などというケースもあります。

「なんだ、バンカーかよ」という事態もありえますので、打ち上げのホールや「砲台型」のグリーンなど、ボールがグリーン上にあるのをはっきり確認できないときには、念のため、アプローチウェッジやサンドウェッジももっていくことをおすすめします。

## ●グリーン周りでカッコよさを際立たせるコツ

あなたが今日いちばんのショットを放ち、奇跡的にも最初にオンを果たしたなら、ほかのプレーヤーのパターも一緒にもっていってあげましょう。彼らがグリーン周りで苦戦している場合はなおさらです。

セルフプレーであれば、このとき、ボールについた芝や砂を拭うための**濡れタオル***も一緒にもっていき、余裕のあるところをみせるのもいいかもしれません。余裕やゆとりは、スタイリッシュなだけでなく、スコアにもプラスの効果があるはずですから。

グリーンに上がる際には、パター以外のクラブは、次のホール方向のグリーン脇に置くようにします。こうすれば、クラブを拾い上げるためにグリーンの上をムダに歩いて傷つけるのを防げますし、クラブの置き忘れもなくなります。外したパターカバーも一緒にしておくといいでしょう。

この考え方は、手引きカートの置き場所にも応用できます。グリーンにボールがのれば、すぐに自分もグリーンに上がってラインを読みたい気持ちはわかりますが、そこをぐっと我慢して、次ホールの方向までカートを移動させておきましょう。

そうすれば、ホールアウト後の移動がスムーズになりますし、後ろの組がショットしたボールが当たる危険も減らすことができます。

# 日本語のスラング・その1

ベテランどうしの会話はスラングだらけ。自分が使うかどうかは別として、意味だけは押さえておきましょう。

**◉今日イチ**

「今日いちばんの当たり」の略。関東でも「きょオいち」と、なぜか関西弁のイントネーションで使われる。

**◉チョロ**

ボールがわずかしか前に飛ばないひどいミスのこと。「チョロった」「チョロする」などと使う。これが出なくなればビギナー卒業かも。

**◉チーピン**

おもにドライバーのショットが低く飛び出して、鋭く左に曲がること。語源は、同名の麻雀パイという説が有力。

**◉テンプラ**

ティショットでボールが真上に上がり、ほとんど距離が出ないショットのこと。多くは高くティアップしすぎて、クラブフェースの上のほうでボールをヒットしてしまうのが原因。

**◉出球（でだま）**

ショット直後のボールの飛び出す方向。「出球がすこし右だったね」などと使う。

**◉モグる**

⑴打ったボールに正回転がかかり、お辞儀してしまうため、距離を損してしまう現象のこと。おもにドライバーのショットで起こる。クラブとボールがマッチしていないのが原因。⑵「パーからモグる」、すなわちアンダーパーの意味。スコアについてプロやかなりの上級者が「2つモグった」といえば、「2アンダーパー」を意味する。

**◉フケる**

クラブフェースの芯に当たらず、右斜め上空（レフティは逆）に力なく飛んでいくこと。「フケ気味だった」とも使う。

**◉ボールがめくれる**

逆風を受けて、ボールが押しもどされ、通常以上に高く上がるさま。

# Chapter 6

# トラブル｜編

# 林やラフに打ち込んだボールの上手な探し方

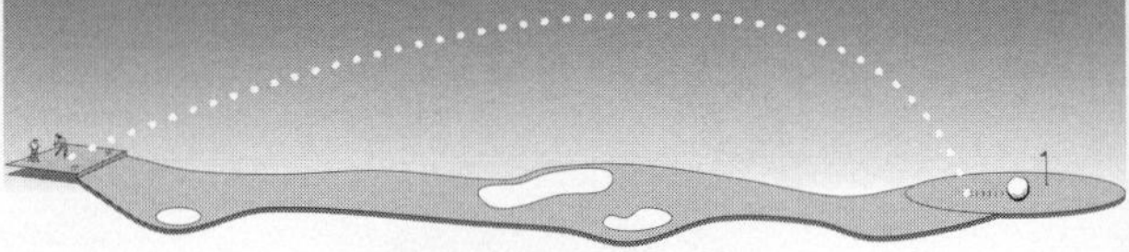

### ●他人のボールも一生懸命探せ

ゴルフ雑誌を目にしたことがある人なら、スイングのフィニッシュの格好のまま、目でボールを追うプロの写真をみたことがあると思います。あれは、ショット自体は問題なく、あとはどこに落ちるのかをみているわけで、ある意味、レベルの高いボールの追い方といえます。

残念ながら、私たちアマチュアのゴルフでは、打った瞬間に結果がわかってしまうことが多く、「うわぁーっ」だの「あちゃーっ」だの「あらー」といった声をあげてしまうようなショットが圧倒的です（「うわぁーっ」はまだいいにしても、あとの２つはあまりに情けないので、出さないように精神を鍛えましょう）。

そうしたショットはあなただけでなく、一緒にプレーしている仲間にもしばしば出るものです。そのときの態度で、あなたのゴルファー、いや、人間としての度量が試されます。

自分が打ったあと、ほかのプレーヤーにほとんど関心を示さず、ショットもみないという人がいますが、あれはいけません。自分のプレーだけで手一杯というビギナーならまだしも、それなりにゆとりのある人なら、自分のショットだけでなく、他人のボールの行方も追うようにしたいものです。

ショットが曲がってボールが林に飛び込んだときも、１人の目で追うより２人の目、さらには３人、４人のほうがみつけやすくなります。遊びのゴルフであっても、ロストボールをすると組全体の雰囲気が悪くなってしまいます。

打った本人が見失ったボールをあなたがみつけてあげれば、その人は必ずあなたに感謝します。すると、あとのホールであなたがボールを見失ったとき、今度はその人があなたのボールの行方をみていてくれるかもしれません。

だれかが林や深いラフに打ち込んでしまったときには、もちろんほかのプレーヤーも一緒に探します。自分のボールがフェアウェイの好位置にあるからといって、そこで突っ立って待っていてはいけません。自分がいいショットを打ったときこそ、みずから進んで他人のボールを探しましょう。

すでに述べたように、ゴルフでは、カップから遠い位置にあるボールから先に打つのが基本ですが、こういう場面では、残りの距離にかかわらず、いい位置にある人が先に打ち、それからボール探しに参加するのも１つの方法です。それが、プレーのスムーズな進行につながりますし、ボールも早くみつかるかもしれないからです。

その際、あなたのボールより前に人がいる状況（たとえば林のなかなど）でショットしなければならないときには、必ず合図することを忘れずに。

**●ボールをみつけたら必ず目印を置いておく**

林にボールを打ち込んだときには、バンカーや樹木、杭など、何か目印になるものをみつけて、その目印とボールとのおおよその位置関係をつかみ、目印から目を離さずに直線的に進むとみつけやすいといわれます。

ラフに入ったボールは、「手前から探す」のが基本です。もっと飛んでいるはずだと、先に行きたい気持ちはわかりますが、それでは効率がよくありません。先まで行ってみつからずにもどってくるのでは、どこからどこまで探したのかわからなくなるからです。

それに、先まで探してみつからなくて、もどってきてずいぶん手前でボールをみつけるのは、かなり恥ずかしいものです。周りは、「どうせ飛ばないくせに……」などと笑っているかもしれません。

せっかくみつけたボールなのに、その場を離れたために、再び見失ってしまうこともあります。そんなことにならないように、ボールの近くにグローブやキャップを置いて目印にするといいでしょう。

また、林のなかやラフでみつけたボールは、すぐに打ってはいけません。ほかのプレーヤーのボールかもしれないので、自分のボールかどうかを確かめることが大切です。ただし、ボールを動かしたり、クラブでふれたりしてはいけないのはいうまでもありません。

隣のホールに打ち込んでしまったときは、いきなり入っていかずに、そのホールでプレーしている人たちがどこにいるかを確かめます。そして、タイミングを見計らってコースに入ります。

その際、キャップをとって、「すみません」とひと声かけましょう。その組のプレーヤーが遠くにいる場合にも、ジェスチャーで詫びるようにします。

そして、ショットを終えたら、手を上げるなり、キャップをかざすなりして、感謝の気持ちをあらわし、自分がプレーしているホールに足早にもどるのがマナーです。

# 最低限覚えておきたいバンカー内のルール

**●バンカー内のショットではクラブをソールしない**

「バンカーは結婚生活に似ている。遠くから眺めている分には、ちっとも怖くない」

これは有名なゴルフジョークの1つです。読むだけなら笑っていられますが、ビギナーの場合には、いつ脱出できるかわからないバンカーは、まさに恐怖スポットといえます。

バンカー内での振る舞いに関しては、「ショットの前にクラブをソールしない」「バンカー内にある自然の障害物（石や小枝、枯れ葉など）は動かすことができない」というルールは最低限押さえておきましょう。これに違反すると、ルールではともに2ペナルティが付加されます。

最初の項に関しては、こんなエピソードがあります。

ある会社のT社長は、年輩になってからゴルフを始めました。ゴルフに目覚めたT社長は、プロのレッスンを受け、周りが驚くほど早く上達しました。

ところが、ルールやマナーについてはないがしろにしていたようです。T社長は、バンカーでも、ほかのショットと同じように、アドレスでクラブのソールを砂につけてプレーしていました。ほんとうは、一緒にラウンドしている仲間がルール違反だと教えてあげるべきなのですが、相手は社長。とても進言することなどできません。まさに“裸の王様”状態ですよね。

T社長がいつまでそうしていたかは定かではありませんが、きっと社外のだれかに指摘されて大恥をかいたことでしょう。箸の持ち方と同じで、それなりの年齢や地位の人には面と向かって注意してくれません。腹のなかでバカにしているだけです。そうならないためにも、こうした基本的なルールは、ビギナーのうちにぜひ覚えておいてください。

**●バンカーでは自分が使った形跡を残さない**

バンカーにも実践すべきいくつかのマナーがあります。ルールブックのエチケットの項には、「バンカーから出る前に、プレーヤーは(a)自分がつくったバンカー内の穴や足跡はもちろん、(b)近くにあるほかのプレーヤーのつくった穴や足跡もすべて入念に埋め、平らにならしておくべきである」と書かれています。

足跡や凹凸だらけのバンカーに入っていくのは、流し忘れたトイレに入ったときのように不愉快なものです。バンカーでは、「自分が使った形跡を残さない」のが基本。他人に迷惑をかけないというのは、生きるうえでの基本ともいえるルールです。それを一歩進めて、他人を思いやるのがマナーといえましょう。バンカーを直すのも他人への気配りです。

あなたが、ほかのプレーヤーの足跡であっても直すよう心がけていれば、周りの人も直すはずです。そうなれば、あなたが同じようなシチュエーションに出くわしたときに、支障なくプレーができます。他人のためにやったことが、結局はすべて自分に返ってくるのです。「情けは人のためならず」が端的に現われるのがゴルフだといえるのです。

# バンカーに入るときは必ずレーキも一緒にもっていく

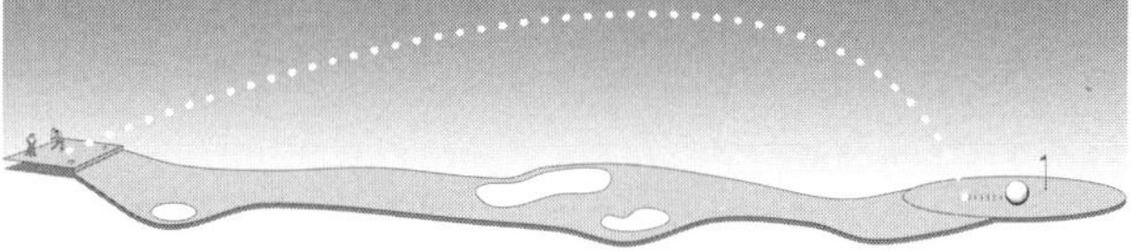

### ●レーキはバンカー内のボールが当たらない位置に置く

バンカーでスムーズかつスマートに振る舞うコツは、①段差が少なく、ボールに近いところから、②レーキを手にもって入り、③出るときは自分の足跡をたどる、などです。

①は、急斜面から出入りすると斜面に生えた芝を傷めてしまうため。③は、ならす面積が少なくてすむからです。

「レーキ」(「バンカーレーキ」ともいいます)とは熊手のことで、野球やサッカー、ソフトボールなど、屋外のスポーツをたしなんだことがある人には、「トンボ」といったほうがわかりやすいですね。

このレーキですが、ショットしたあとで取りに出るゴルファーが少なくありません。しかし、ボールがバンカーの縁の近くにある場合はまだしも、中央にある場合には、バンカー内を二度往復しなければならず、余計な時間がかかることになるのでおすすめしません。

日本ではまだあまり多くありませんが、欧米では、あらかじめバンカー内にレーキを置いてあるコースがふえているようです。

バンカーの外にレーキが置いてあると、ほんとうならバンカーに入るボールがレーキに当たって、手前のラフで止まるという事態が起こります。これは、プレーに直接関係のない人工物が、コース設計者の意図に反してプレーに影響を与えているともいえるわけで、本来あってはならないことです。

まあ、そこまで堅苦しく考える必要はないとしても、レーキをバンカー内に置くほうが、多くの点で理に適っているのは確かでしょう。

レーキをもってバンカーのなかに入るときは、必ず自分の背後、それも、バンカーから一発で脱出できなくてボールが跳ね返っても、当たらない位置に置くようにします。

バンカーは、プレーヤー本人がならすものです。キャディがバンカーをならすのは、あくまでも進行の都合であり、コース側のサービスにすぎません。ゴルファーは、キャディに代行を依頼することを許されているだけなのです。また、プレーヤーには、キャディがきちんとならしたかどうかを見届ける義務もあるのです。

ただし、本人がならすのが原則であっても、プライベートなゴルフでは、同じ組のプレーヤーがグリーン周りのバンカーを渡り歩いていて、あなたに余裕があるときは、その人のかわりにバンカーをならしてあげてもかまいません。

# ミスショットをしたときの言い訳や不満は愚の骨頂

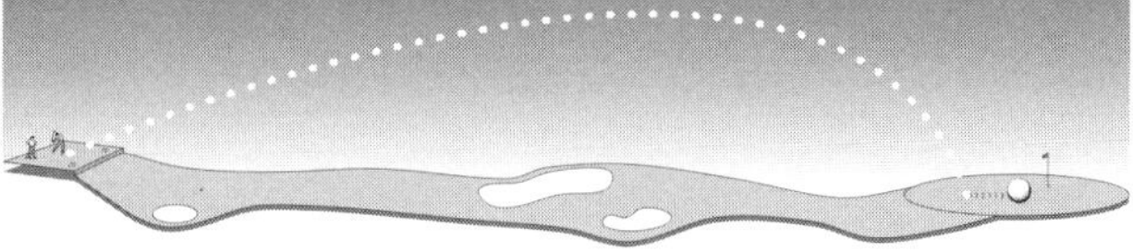

### ●こんな言い訳は絶対に覚えてはいけない

　ゴルフにおける野暮のなかでも、いちばん見苦しいもの、それはミスショットのあとの言い訳だといえましょう。ゴルフのキャリアを積めば積むほど、言い訳のバリエーションは豊富になります。が、どんなにいいつくろったところで、ミスの弁解にはなりません。ゴルファーとしての品位を落とすだけです。

　以下は、言い訳の代表例で、それに続く（　）のなかは、聞かされたプレーヤーが腹のなかで思っていることです。

「腰が痛くてさ」（だったらゴルフなんてしなけりゃいいのに）

「アイアンが新しくて、まだ慣れてないんだよね」（合ってないなら、かわりに俺が使ってやる）

「このドライバー、もうダメだ」（ダメなのは腕だろ？　さっきは、「いいよ、このドライバー、最高！」っていったじゃないか）

「なんだ、上空はアゲンスト（向かい風）だったのか」（風がなくても、あのショットじゃ届かない）

「このホール、設計がいやらしいな」（いやらしいのは、コースのせいにするあんたの根性や）

「フックするなら、パットする前にそういってくれ」（打つ前にいっていたら、そのとおりに打てるのか？）

どうでしょう、こんな言い訳をした覚えのある人はいませんか。これらは、スタイリッシュの対極をなすものです。ビギナーであるあなたは、こんな言い訳は覚えないようにしましょう。

**●どうしても不平・不満をいいたいときは**

ゴルフコースについての不平・不満をいうのもスマートではありません。たとえば、仲間うちではじめてのコースに行くと、山を切り開いて無理やりホールをつくったというのが素人でもわかったり、キャディの態度がよくなかったりと、ゴルフ場やキャディに問題があるケースにでくわすことがあります。

そうしただれもが気づいていることを、「せっかく遠くまできたのに、こんなしょぼいコースかよ」などと、わざわざ言葉にされると、聞かされる側はますますイヤな気分になります。それを朝イチでいわれた日には、早く帰りたくなってしまいます。

不満があるのはわかりますが、気分よくプレーするためには、ぐっと堪えることが大切です。

それに、そうした不平・不満をスコアが悪いときにいうと、ミスショットの言い訳だと思われてしまいます。どうしても文句をいいたければ、スコアがよかったときや、ゴルフ場をあとにしたクルマのなかですることです。

**●くやしさをスマートに表現する３つの方法**

言い訳をするのはゴルファーとしてみっともないとはい

え、ミスショットをすると、ついつい言い訳をしたくなるのが人間というもの。そこで、あなたのやりきれない気持ちをスマートに表現する方法をお教えしましょう。

１つ目は、「アドレスしたあと、一度仕切り直す」というもの。ショットの前に伏線を張っておくのです。ミスをするときには、ショットの前からなんだかイヤな予感や不安にとらわれるものです。難しい状況でのショットであれば、その予感はほぼ的中します。

そんなとき、プロや上級者は、一度かまえたあと、ボールから離れて思案顔をみせることがあります。ビギナーであるあなたも、それを実践してみましょう。

これをすると、ミスショットをしても、周りは「なにかしっくりいかなかったんだ」「**立ちにくかった***んだ」などと思ってくれるかも。つまり、“無言の言い訳”になるのです。

この仕草をするだけで、あなたの実力を知らない人は、「あ、上手い人なのかな」と思うはずで、あとはそのイメージに追いつくよう、練習に励むだけです。

ただし、ビギナーだとわかってしまったのに、ショットのたびにこんなことをやっていると顰蹙を買いますから気をつけましょう。

２つ目は、ミスショットをして恥ずかしさや腹立たしさでいたたまれないようなときには、「こうやって打てばよかった」といわんばかりに素振りをしてみてください。これはプロもよくやる手です。言い訳を口にするかわりに、ミスを振り返り、研究している姿勢をみせれば、周りにあなたの悔しさ、真剣さが伝わります。

３つ目は、同じミスでも言い方を工夫するようにします。たとえば、アマチュアならだれでもやるダフりやトップといったミスも、それぞれ、「噛んだ」「当たりが薄かった」といえば、なぜかミスショットのニュアンスが薄くなるから不思議です。

ただし、3つ目の方法は、やりすぎると墓穴を掘ることがあります。

たとえば、思いきりダフってしまい、ボールがほとんど飛ばなかったのに「噛んだ」といったり、トップしてぜんぜんボールが上がらなかったのに「ハーフトップ（トップ気味に当たったことを、上級者はこう表現します）した」といったりするのは、あまりにおこがましいといえましょう。ある程度上手くなってから使う表現だと心得てください。

同様に、バンカーからのショットで、ボールがあまりピンに寄らなかったときの「砂が重かった（軽かった）」「感じを出しすぎた」「上手く打ちすぎた」といった表現も、それなりの腕がないと使えません。言い訳に聞こえてしまうことも多いため、使わないほうが無難です。

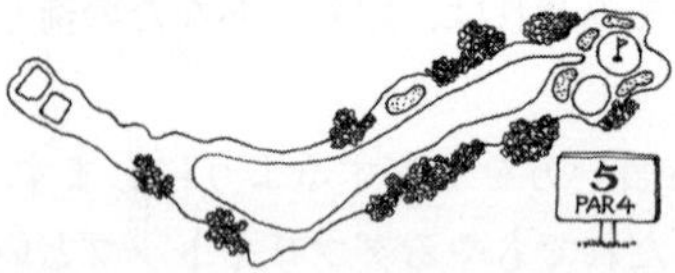

# 同伴プレーヤーがミスショットをしたときの心配り

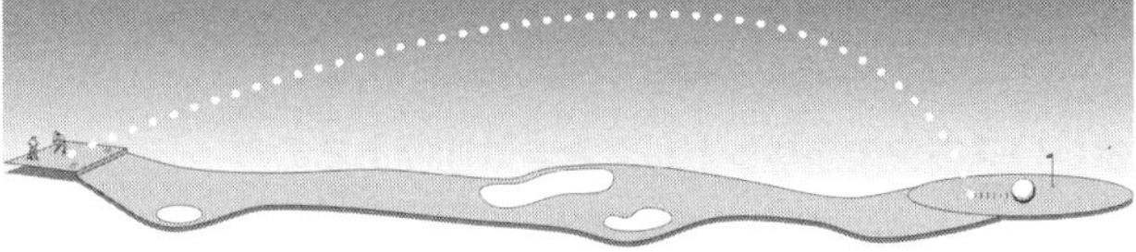

## ●中途半端な慰めはかえって逆効果

コースでプレーする際、一緒にラウンドするのが気のおけない仲間や友人であれば、気をつかう場面はほとんどないといっていいでしょう。

ただ、そんな仲間とのラウンドでも、振る舞い方が難しいのが、相手がミスをしたときです。とりわけビギナーのうちは、どうしていいかわからないものです。

他人のミスを笑うのは論外だとしても（笑ってしまうと、自分がミスしたときにもきっと笑われますし、文句もいえなくなります）、避けたほうがいい態度はあります。

それは、相手を分析することです。たとえば、スイングに関しては、「振り切れてませんね」「グリップが悪いなぁ」、ショットにかかわるものでは、「強い」「弱い」「短い」などがあります。

このような指摘は、本人が自覚していることが多いうえ、わかっていても実践できずに悩んでいるケースが少なくありません。それを、プロにいわれるのならまだしも、自分とレベルがさほど変わらない相手からいわれるのはとても腹が立つものです。

さらにいうと、こういう指摘をするゴルファーには、自分は手本をみせるほどの腕をもちあわせていないという共通点があります。他人のショットを分析するのはいいとしても、それを言葉にするのはやめましょう。同じ状況になれば、自分も同じようなミスをする可能性が大なのですから。

### ●いいスコアでラウンドしたときは沈黙あるのみ

こんなとき、中途半端な慰めはかえって逆効果になりかねないのですが、上手くやれば相手の怒りやイライラを和らげることができます。

前述の「ダフり」を「噛んだ」といいかえるテクニックは、ほかのプレーヤーのショットについてコメントしたり、慰めたりするときにも使える便利な言葉です。

たとえば、相手がミスをして、慰めの言葉の１つもかけないと間がもたないという雰囲気のときに、「いまのはダフりましたね」といったのでは身もフタもありません。相手はさらに怒ってしまうでしょう。

そんなとき、「いまのはすこし噛みました？」などというと、いかにも高度なミスのように聞こえ、相手は悪い気がしません。あるいは、「ライが悪かったね」とか「思ったより風が強いようですね」などと、言外に「不可抗力が原因でミスをしたんですね」というニュアンスをにじませつつ、本人にかわって言い訳をしてあげれば、その人のイライラもすこしは治まるかもしれません。

ただしこれも、他人のプレーをしっかりみて、プレーを分析できるだけの目を養ってからにすること。技術がともなわないビギナーにいわれても、相手はバカにされているような気になるだけですから。

そうした状況で大切なのは、「空気」と「人の心」を読むことです。ミスしたときには放っておいてほしい、と思っている人はまちがいなくいます。それを、本人の気持ちなどおかまいなしにベラベラしゃべってはいけません。

周囲に気をつかってばかりでは、たしかに窮屈でしょうが、「自分の世界をもちつつ、他人を気づかう」のが肝要といえましょう。

また、ほかのプレーヤーがミスしたときと同様、ほかの人よりいいスコアでラウンドしたときにも、注意深く振る舞うことを忘れてはなりません。そんなときには、どんなに我慢しても、表情や言葉に「喜び」がにじみ出てしまいます。「運がよかった」だの「たまたまですよ」などと謙遜したところで、それらはすべて自慢にしか聞こえません。とるべき態度としては、やはり「沈黙」がいちばんのようです。

# どんな状況でもディボットは必ず自分でもとにもどす

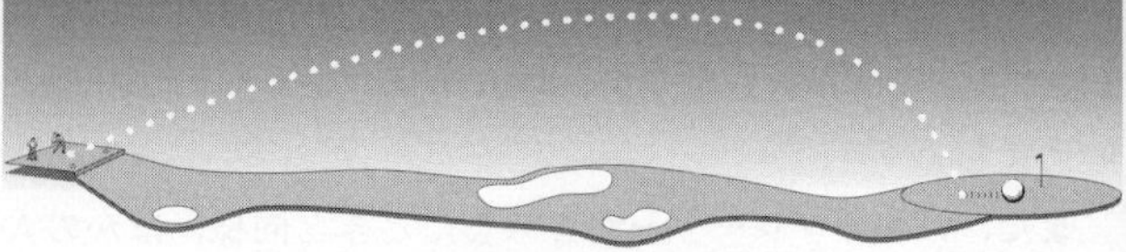

### ●ディボット跡の正しい直し方を知っておこう

プロではアイアンのナイスショット、アマチュアではダフったときに多くできるのが、芝生がえぐれた穴、「ディボット跡（マーク）」です。

ちなみに、前方に飛んでいった芝の塊は「ディボット（またはターフ）」といいます。日本では、芝も穴もディボットという傾向がありますが、みなさんはぜひ正しく使い分けてください。

日本のコースでは、ディボットをもどしたり、**目土***をするのはたいていキャディの役目になっています。それは、バンカーをならすのと一緒で、コース側のサービスの一環と思われますが、こうした慣行は日本だけの特殊なものなのです。

1882年につくられたゴルフルールの前文には、エチケットに関する項として、

「プレーヤーによって切り取られたディボットをもとにもどす、あるいはもどされているかどうかを見届けるのは、すべてゴルファーの義務である」

と書かれていました。

本来、これは原則として守られるべきエチケットといえま

す。キャディがやってくれる場合には無理に自分でやる必要もないでしょうが、キャディの目が届かない隣のホールのフェアウェイから打ってディボットを取ってしまった場合や、キャディが遠く離れている場合には、必ず自分で芝をもどしておきましょう。すべて自分の責任でやらなければならないセルフプレーでも、当然、自分でもどします。

もちろん、ボールをきちんとヒットして、きれいなディボットが取れたときも、飛ばしたディボットは必ずもとにもどします。もどしたら、足で軽く踏みつけて周りと馴染ませます。余裕があれば、目土もしておきましょう。

こうした仕草が、あなたをデキるゴルファーにみせてくれるはずです。

# 当たり前のことを当たり前にやるのが粋

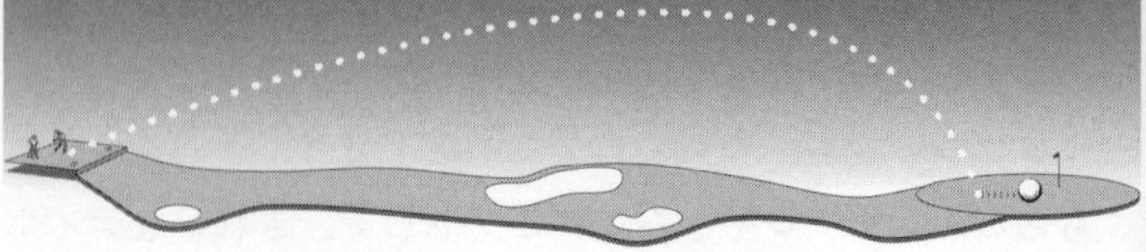

**●アマチュアほど難しいショットを好むもの**

技術論には極力ふれないのが本書のポリシーですが、トラブルや難しい状況でのショットに関しては、一席ぶたせていただきましょう。

ゴルファーには、難しい状況でのショットや池越えなどの派手なプレーをもてはやす傾向があり、とりわけビギナーにはその傾向が強いようです。逆に、簡単なショット、地味なプレーは、軽蔑こそしないものの、あまり見習おうとしません。

その一例が、グリーンの外からやアゴ（➲ p.142参照）の低いバンカーからのアプローチショットに、パターを使うことです。

「こんなところからパターを使ったらカッコ悪い」と思ってしまうわけですね。そりゃあ、ウェッジを使ってふわりとボールを上げ、ピンそばにピタリと止められればカッコいいかもしれません。しかし、ビギナーがそのショットを打てる確率はゼロに近いといえましょう。

また、フェアウェイからのアプローチショットでも、芝が薄い冬場などライが悪いときには、ふつうにウェッジで打とうとすると、ダフりやトップなどのミスをしがちです。そんなとき、パターやフェアウェイウッドを使ってピンに寄せることができたなら、それは「ゴルフを知っている」ことの証になります。

### ●「ゴルフは“ゴロフ”だよ」

パターは、別名、「テキサスウェッジ」とも呼ばれます。これは第二次世界大戦後にアメリカで生まれた俗称です。

テキサスは風が強く、荒れ地が多いため、コースも地面が乾燥して芝が生えないところがあります。

そんなライでは、ウェッジを使うとボールをクリーンにヒットするのが難しいため、プロたちがグリーンのかなり手前からパターを使ってアプローチをしたのが、この言葉の語源になっています。

日本に目を移しても、青木功プロには、「ゴルフは“ゴロフ”だよ」という名言がありますし、日本アマチュアゴルフ選手権を最多の６回制した日本のゴルフ史上最強のアマチュア、故・中部銀次郎氏は生前、

「３回打って２回は失敗するような確率の低いゴルフはしてはいけない」

といったそうです。

よくいわれることですが、当たり前のことを当たり前にやるのが、ゴルフではいちばん難しいといえます。

ＴＶドラマ「北の国から」で、俳優の田中邦衛が演じた黒板五郎ではありませんが、スコアという結果が大事なのも確かであるゴルフでは、愚直なのがじつはいちばんカッコよくて粋、ということもあるんですね。

# 打数がわからなくなったら多めにカウントする

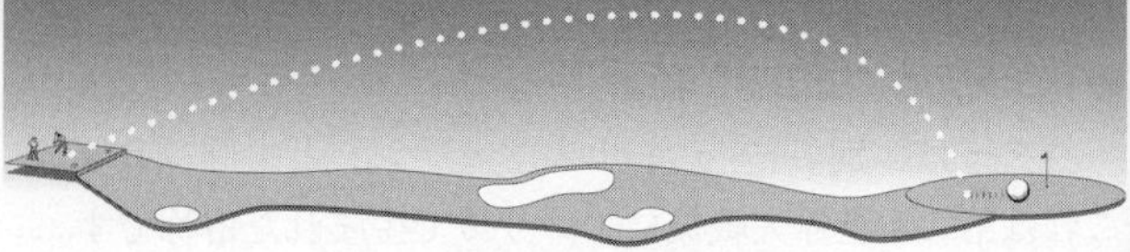

## ●スコアをごまかすと人間性も否定される

ティショットでOBを打ち、セカンドショットでもOB。バンカーショットを失敗し、何打で脱出したかわからなくなった……。ゴルフでは、ビギナーでなくても、こんなトラブルに見舞われるケースがときどきあります。頭のなかが真っ白になって、いったい自分が何打費やしたのかわからなくなってしまうのです。

「7か？　いや、8かもしれない。やっぱり7のような気もする」

こんなとき、ついつい少ないほうをスコアにしてしまいたくなりますが、それはいけません。ほんとうにカウントできなかった場合でも、自信がないときには、多いほうをスコアカードにつけます。

これには、フェアプレーの精神にのっとるという意味もありますが、たとえば、ほかのプレーヤーがあなたのプレーをずっとみていて、打数を数えていた場合に、ほんとうのスコアよりあなたが少なく申告すれば、クレームがつきます。

仲間であれば何もいわないかもしれませんが、「こいつはスコアをごまかす奴なのだ」というレッテルを貼られれば、人間性そのものを否定されかねません。

## ●スコアのごまかしは言語道断

これは、某ゴルフコースの女性キャディから聞いた話です。男性メンバーのＹ氏は、だれでも知っている企業の部長。ハンサムで長身、着こなしのセンスも抜群で、ゴルフの腕前もシングルハンディです。

そのキャディは、Ｙ氏が来るたびに指名されるのですが、Ｙ氏は１回のラウンドで必ず一度、どう考えてもボギーなのに、涼しい顔をして「パー」と申告するそうです。そう、どこからどうみても紳士にみえる人が、ときどきスコアをごまかすのです。質（たち）が悪いですよね。

本来、ゴルフのストロークプレーの公式競技では、自分ではスコアはつけません。同じ組でラウンドするプレーヤー（この役割を「マーカー」といいます）がスコアをつけ、ラウンドが終わったあとに自分でサインしてから本人に渡します。

受け取ったプレーヤーは、スコアに誤りがないかをチェックし、まちがいがなければ自分のサインを書き入れてスコアカードを提出するのです。自分でスコアをつけるのは、それを簡略化したもの。だからこそ、スコアのごまかしは言語道断なのです。

ですから、迷ったときには、多いほうのスコアを採用すること。超がつくビギナーが、コンペなどに参加してどうしてもスコアをつけなくてはいけない場合には、自分のマーカーになる人に、「すみません。たくさん打ちますので、よくカウントしてください」と伝えておくといいでしょう。

また、オンするまでにかなり叩いてしまったら、その時点で計算して「ここは○オン」と覚えておくと、ホールアウトしたあとの計算が楽になります。３パット、４パットしたときには、とくにそうです。

# 日本語のスラング・その2

**◉すべる**
雨の日などにフェースの上でボールがスリップすること。「スリップ」とも。アイアンではフライヤー、ドライバーでは曲がる原因に。

**◉アゲている、フォロっている**
それぞれ「向かい風」「追い風」の意味で、「アゲンスト」「フォロー」を略したもの。「ちょっとアゲ気味だね」などともいう。

**◉池ポチャ**
ボールを池に打ち込んでしまうことを、なぜかこう表現する。

**◉ピン筋**
ボールがピンに向かって飛んでいくサマをあらわした言葉。「よし、ピン筋だ。あとは距離だけだな」などと使う。

**◉バンカーのアゴ**
フチが大きくせり出し、崖のようになった状態を指す。「アゴが高い（低い）」「アゴが出ている」などと使う。

**◉目玉**
バンカーに勢いよく入ったボールが砂にめり込み、ボールの表面が一部隠れてしまうこと。隠れていなくても、ボールが落下した衝撃で周囲の砂のほうが高くなった場合には「目玉気味」という。ビギナーが一発で脱出するのはまず無理。

**◉チャックリ、ザックリ**
ともにダフりの別表現。ザックリのほうがミスの度合いはひどいイメージ。「いやー、ザックリやっちゃってさ」などという。

**◉ピンそば**
ショットしたボールが、ピンのそばにオンすること。「ピンそばについた」などと使う。なかでも20〜30センチ以内にオンするのが「ベタピン」。ともに、いくら長いパッティングがカップに寄っても使わないので注意。

**◉寄せワン**
アプローチショットでピンに寄せたあと、ワンパットで決めること。

**◉グリーンが速い**
ボールがよく転がること。逆に、あまり転がらないことは「重い」「遅い」という。不思議なことに、ボールがよく転がるグリーンを「軽い」とはいわない。

# Chapter 7
# グリーン編

# ボールをマークする前にボールマークを直す

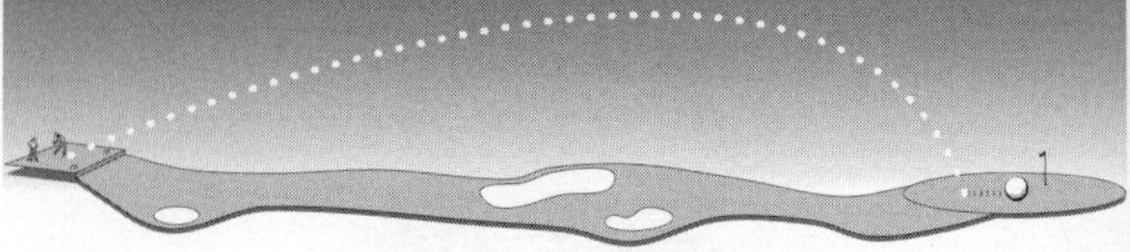


**●他人がつくったボールマークも直す**

いいショットをしてボールがグリーンをとらえ、そのボールに向かって歩いていくのは、ゴルファーにとってもっとも気持ちのいい瞬間の１つといえます。ピンに近ければバーディー、ときにはイーグルのチャンスだってあるのですから、最高の気分です。

ボールに近づく前に忘れてはいけないのが、ボールマーク（ピッチマーク）の修復です（➡p.38参照）。

プレーは上級者なのに、ボールマークを直さないというゴルファーはかなり多いもの。これからゴルフを始める人は、「ボールをマークする前にボールマークを直す」と覚えましょう。

なるべく早いタイミングでパターをもったほうがいいのも、ボールマーク直しの仕上げに使うためです。グリーンに上がると同時に、ポケットからおもむろにグリーンフォークを取り出せば、いかにも“通”の雰囲気を漂わせることができます。

ボールマークを直すという行為は、ただのカッコつけにとどまりません。グリーンの状態を良好に保つだけでなく、マナーを知らないゴルファーを正しく導くきっかけにもなります。

要は、他人にものを教えるには、口でいうより、正しい手本をみせるのがいちばんだということです。直すのは、あなたがつくったボールマークでなくてもかまいません。かたちから入って上手くなるのがゴルフというスポーツなのです。

### ●直し方に迷ったら積極的に教えてもらおう

ショートホールでパーオンしなかったのに、他人のボールマークを直すのは、かなり恥ずかしいものです。が、そんなことを気にしてはいけません。あなたがパッティングしたボールが、その上を通るかもしれないのですから。

寒い時期には、グリーンが凍っていてフォークが刺さらず、直したくても直せないこともあります。そんなときには、後続のプレーヤーにお任せすることになります。他人のつくったボールマークを直すのには、こういうケースも考えられます。

とにかく、プレーの進行を遅らせないかぎり、みつけたボールマークはできるだけ直すようにしてください。

前にもふれましたが、ゴルフコースのなかには、スタート前に、キャディがプレーヤーにボールマークの直し方をレクチャーしているところもあります。これはとてもいい試みだと思います。

ボールマークの直し方を解説している本もありますが、わかりにくければ、コースの関係者や上級者に教えを乞いましょう。一度しっかり教わっておけば、次から迷うことなく、正しい方法で直すことができます。

こうしたことが自信に満ちた態度でできるようになれば、ほかのプレーヤーから一目置かれるはずです。

# ボールの後ろぎりぎりにマークをするな

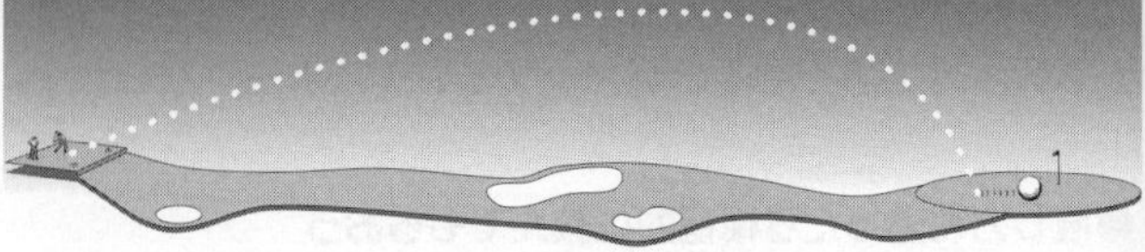

**●他人のラインを踏まないように注意する**

ボールマークを直し終わったら、ボールをマークします。アマチュアのなかには、ボールが動いてしまうのではないかと思うくらい、ぎりぎりにマーカーを置く人がいますが、あれはやめましょう。「デベソ」と同じで、セコさがにじみ出てしまうからです。そういう人がボールをもどすときには、マーカーより５センチも前にボールを置くのですから、油断もスキもあったものではありません。

マークをする際には、他人のラインを踏まないように注意します。マークをする意味は、他人のパッティングを妨げないようにするためと、ボールを拭くためです（原則として、グリーン上以外ではボールを拭けません）。グリーンの端にのっただけで、だれのラインにもかかっていなかったり、ボールの汚れが気にならなければ、マークしなくてもかまいません。

ただし、なかには、ボールを拾うのが面倒くさいのか、なかなかマークしようとしない人がいます。そんな人たちがそろうと、カップの周りはボールだらけ。もし、ボールがぶつかったら、当てたほうに２ペナルティがつきます。

自分の視界に他人のボールが入ると、けっこう気が散るものです。とくにボールは白いので、視界の端にあっても気になってしまいます。たしかに、日本ではボールをひんぱんに拭きすぎるという問題はあるのですが、他人の視界に入りそうな距離までカップに近づいたら、やはりマークしたほうがいいでしょう。

## ●「マーカーずらし」が正しくできれば一人前

あなたのマーカーが、ほかのプレーヤーのパッティングラインにかかりそうなときに実行したほうがいい気配りの1つが、「マーカーずらし」です。「動かしましょうか？」「お願いします」「1つで大丈夫ですか？」などという会話ができれば一人前です。

マークの動かし方は、①動かす方向に目印（大きめの木など）をみつけ、②それに向けてパターのヘッドをマーカーのすぐ向こうに置き、③マーカーを拾い上げてヘッドの向こう側に置き直す、となります。

上の会話のなかの「1つ」とは、「ヘッド1つ分」の略で、それでも邪魔になりそうなら2つ分ずらすようにします。このとき、どちら側にずらすかを、傾斜をみて自分で判断できればスマートです。

ちなみに、ずらしたマーカーをもとの位置にもどすのを忘れて、誤った位置からストロークしてしまうと、ルールでは2ペナルティがつくので注意しましょう。

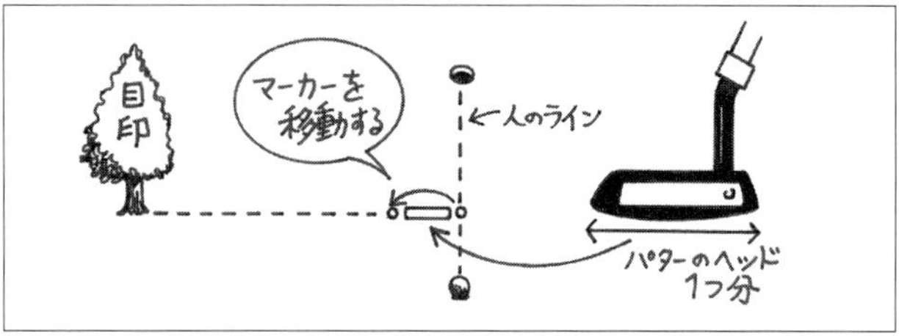

# カップのいちばん近くにボールがある人がピンを抜く

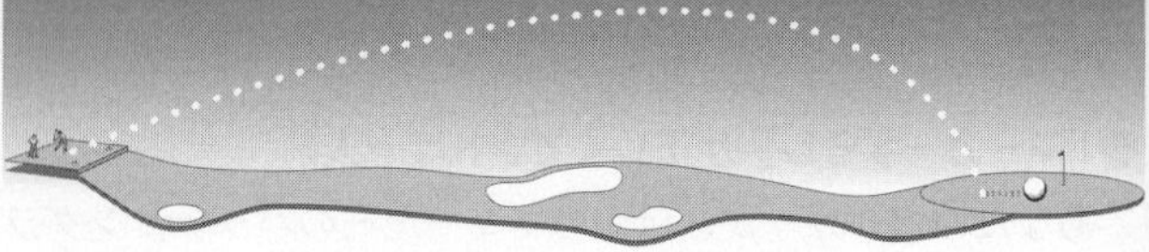

**●遠くからパッティングする人がいたら必ず確認する**

セルフプレーの場合、または、キャディがいてもバンカーならしなどの作業で間に合わないときには、カップからピンを抜くのは、カップのいちばん近くにボールをオンさせた人の役目です（公式競技を除く）。

全員がグリーンに上がればピンを抜いてもいいのですが、ボールの位置がカップから遠いときは、カップの場所がわかるように、ピンを差したままにすることがあります。ただ、ピンを差したままパッティングをして、ボールがピンに当たってしまうとルール違反となります（2ペナルティ。ただし、グリーンの外からパターを使った場合を除く）。

そのため、ピンを抜く役目の人は、遠くからパッティングをする人に、ピンを抜いていいかどうか確認する必要があります。そして、「ピンをもってほしい」といわれたら、ピンの先だけを抜いて（先端はまだ地面より下）、カップの位置を示しておき、ボールをヒットしたあとにピンをもちあげます。このとき、転がってきたボールが自分の足に当たらないようにくれぐれも注意してください。

これを逆の立場で考えると、あなたがカップからいちばん遠くにオンして、ピンを抜いてしまうとカップの位置がみえにくいときには、カップにいちばん近い人（キャディがいればキャディ）にピンをもってもらうようお願いする必要があります。これは、相手が目上の人であっても依頼しなければなりません。

ピンをもったり、抜いたりする際にも、ほかのプレーヤーのパッティングラインを踏まないように注意します。さらに、抜いたピンはできるだけグリーンの外に置くこと。カップからエッジが遠く、やむをえずグリーン上に置く場合には、できるだけそっと置きます。ボールが転がってこない場所だからといって、グリーン上にバターンと勢いよく倒すのはやめましょう。

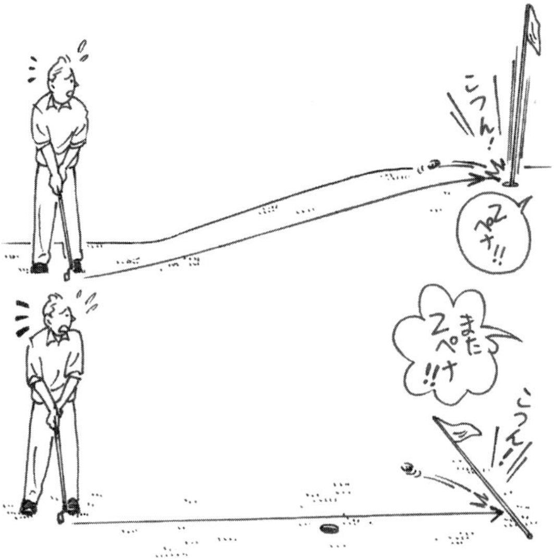

# つねにほかのプレーヤーのラインを意識する

## ●グリーン上ではボールやプレーヤーの背後を通る

　ゴルファーにとって、いまから自分がカップをねらおうとしているラインは、だれにも邪魔されたくないものです。ラインとは、いってみれば自分専用に敷かれた赤いカーペットのようなもの。ですから、プレーヤーは他人のラインをつねに意識する必要があるのです。

　グリーン上での最大のタブーは、他人のラインを踏んでしまうことです。注意深く歩いても、引っかき傷をつくってしまえば、パットに悪影響を与えてしまいます。ボールマークと違って、スパイクでできた引っかき傷は、同じ組の全員がホールアウトするまで直すことができないので、くれぐれも注意したいものです。

　また、ラインをまたぐことも礼儀知らずとみなされます。ラインがストレートの場合は稀で、ほとんどが左右どちらか、あるいは左右両方（これを「スネークライン」といいます）に曲がります。

　ロングパットになると、曲がり幅がさらに大きくなる可能性があります。そのため、ラインを避けてまたいだと思っていても、ラインをばっちり踏んでしまうことがよくあります。遠まわりでも、ボールやプレーヤーの背後（外側）を通るのが基本です。

**●グリーンを傷つけない歩き方を身につける**

そうそう忘れていました。グリーン上でいちばん気をつけなければならないこと。それは、歩き方、足の運び方です。

いまではソールに金属鋲のないシューズが主流になっていますが、それでも足を引きずるように歩くと、グリーン面に引っかき傷をつくってしまうことがあります。日常生活と同じような歩き方をしていると、引きずる危険性が大なので注意してください。

とくに、靴の踵がすり減りやすい人は要注意です。これを防ぐには、ひざを心持ち高く上げて歩くようにするのがいいようです。

プレーが遅れ気味だからといって、グリーン上を走るのもよくありません。どうしても走らなければならない場合は、ホールアウトしたあと、グリーンを降りてからにします。

いうまでもないことですが、グリーン上で跳んだりハネたりするのもダメです。年に一度のバーディーを決めたときなど、うれしいのはわかりますが、グリーン上でジャンプしてはいけません。

また、あなたがバーディーパットを沈めたとき、歓声を上げたり、ガッツポーズをしたりするのはご愛嬌ですが、あの「ハッスル、ハッスル」だけはやめましょう。いまさらやると、「うちの組のお客さん、まだやってたわよ」と、キャディたちのあいだで笑われている可能性大です。

# 他人のラインはすばやく、さり気なくみる

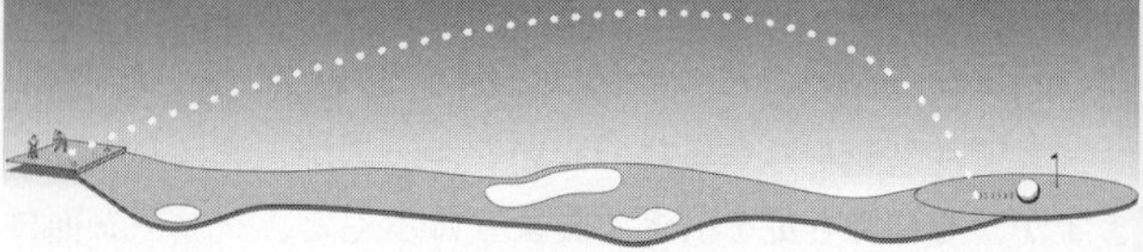

## ●プレーヤーの正面に立つのもマナー違反

ほかのプレーヤーがあなたと同じような位置にオンして、しかもその人のほうが遠い場合には、その人が先に打ってラインをみせてくれるので、とても参考になります。

このとき、真後ろからラインをじっくりみたいという気持ちはわかりますが、それをやると、ほかのショットと同様、マナー違反となります。しゃがみ込んでみるなどもってのほか。そんなことをすればプレーヤーの視野に入ることになり、集中を妨げてしまうからです。

ボールの後方や、カップの反対側に立つのがマナー違反になるのを知っている人は多いのですが、そんな人でもプレーヤーの正面に立ってしまうことは意外に多いものです。これもやめたほうがいいでしょう。

離れていればまだいいのですが、足がみえるくらい近くに立つと、プレーヤーを不快にさせます。こういう人はいくらスコアがよくなっても、周囲からは、「ゴルフを知らない奴」というレッテルを貼られてしまいます。

どうしてもラインをみたければ、その人が打ったあと、すばやく、そしてできるだけさり気なく移動して、ボールの軌跡をチェックするようにします。必死さが表に出ないよう、

くれぐれも注意しましょう。

### ●グリーン上では自分の影にも気を配る

また、パッティングに神経を使うグリーン上では、自分がつくる影にも気を配る必要があります。夕方近くになると、人の体が大きな影をつくることがありますが、それがラインにかかると、とても気になるものです。しかもその影がゆらゆら揺れていようものなら、パッティングどころではなくなってしまいます。

競技会になると、故意にラインに影をかぶせて邪魔をするという戦術もあるようですが、紳士淑女であるあなたは真似をしてはいけません。プレーヤーがアドレスに入ったら、周囲が動いてはいけないのは、すべてのショットで共通です。

よほど気の強い人でもないかぎり、「どいてください」とはいえないでしょうから、夕方近くや、とくに日の短い冬場には影に気を配りましょう。

# 順目、逆目、スライス、フックの意味を正しく理解する

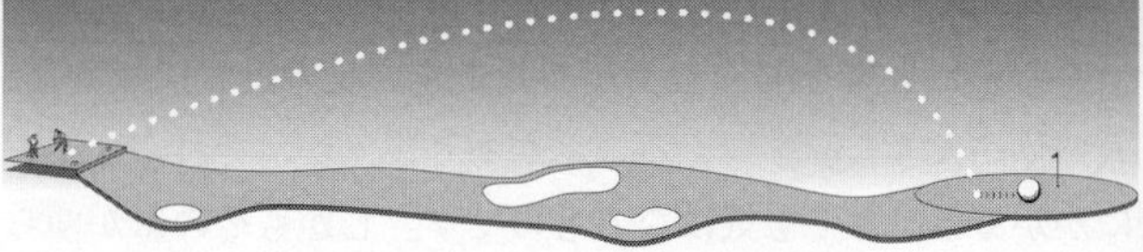

## ●順目と逆目では芝の明るさが違ってみえる

ここで、上級者がグリーン上で使う言葉をいくつかみておきましょう。日本のコースのグリーンの芝は、大きく分けてベント系芝と高麗芝があります。

グリーン上で使われる言葉の代表格に、芝の「目」というものがあります。これは、川でいえば流れのようなもので、「グリーンは左に傾いているのに、目が右に向いているため、ボールはほとんど曲がらずにまっすぐ転がった」などということが起こります。

この芝の目は、ベント系芝にはあまりなく、高麗芝の場合に顕著になるのが特徴です。目には「順目」と「逆目」(ほんとうは「さかめ」と読むのが正しいようですが、アナウンサーやプロを含め、ほとんどが「ぎゃくめ」といいます)があり、同じ力加減で打っても、逆目のときには順目の半分しか転がらないということもあります。

また、順目の場合は、芝が明るく、白っぽくみえるのに対して、逆目の場合は、暗っぽくみえるともいわれます(順目と逆目のあいだに「横目」というのもありますが、ややこしいので割愛します)。

さらに、芝目は、コースの近くに川や海があれば、そちら

に向かって順目、山があればそちらに向かって逆目という法則性があるコースもあります。たとえば、富士山の麓のコースでは、「グリーンは富士山を背にして順目（向かって逆目）」ということがよくいわれます。

## ●カップを使った表現を覚えておこう

パッティングラインを読むときには、こうした知識を頭に入れたうえで、「目はキツい？」「目はどっちに向いてるの？」「海はどっちの方角？」などという会話をキャディと交わしてみましょう（もちろん、プレーに生かせればベストです）。

また、ラインについていうとき、「スライス」「フック」と表現するのもいいですが、雰囲気を出すために、スライスは「右に落ちる（「切れる」ともいいます）」、フックは「左に落ちる」などと表現すると、ちょっと通っぽくみえるようです（レフティの場合はそれぞれ逆）。

ボールがどれくらい曲がりそうかを表現する場合は、カップの大きさを尺度にします。たとえば、チーム戦などで味方にアドバイスするときには、「カップ２つ分、右でいいんじゃない？」とか、「カップの左いっぱい。外しちゃダメだよ」などといいます。

こうしたカップを使った表現は、キャディも多用しますから、覚えておくといいでしょう。

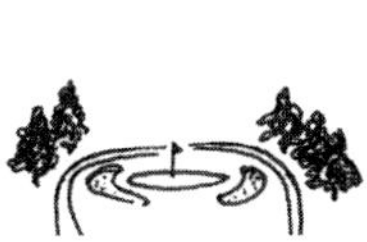

# ラインを読むのに時間をかけすぎない

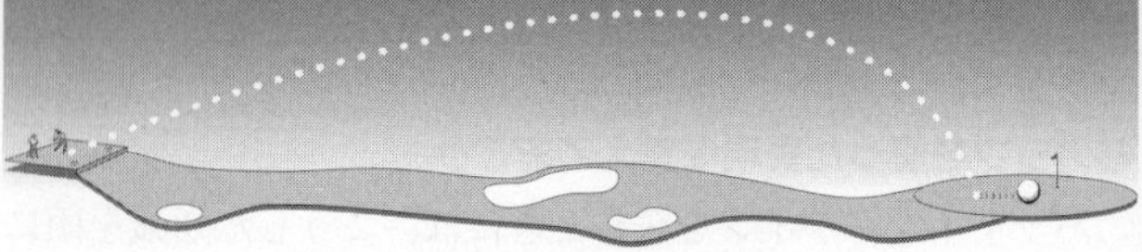

## ●ラインは第一印象がもっとも正確

グリーン上で、他人のラインと並んでつねに意識しなければならないのが「時間」です。アマチュア・ゴルファーは、概してパッティングに時間をかけすぎる傾向にあります。とくに、ラインを読むのにやたら時間をかける人が少なくありません。

まずボールの後ろからラインを読み、次にカップの反対側にまわり込み、さらにラインを横からみて、カップ周辺を上から覗き込み、しまいにはラインの後方でパターを顔の前に吊り下げて、片目をつぶる……。

こうした動きは、プロが試合でみせるもので、これをするアマチュアはテレビ中継などで目にしたプロの動きを真似しているものと思われます。

しかし、技術のともなわないアマチュアがプロと同じことをやっても、顰蹙を買うだけです。前項でとりあげた芝目も、あまり気にしすぎると周りから煙たがられます。

とくにビギナーの場合、順目と逆目で強弱を打ち分けるのはまず無理。どれくらい曲がるかについても、そもそも読んだとおりに**スタンス***がとれているか、さらにその方向にきちんと打ち出せているかどうか怪しいものです。

パッティングに関しては、いくつもの格言が残されています。その1つが、1920年の全英オープンに優勝した“早打ちの名人”、ジョージ・ダンカンが残した有名な言葉、「早くミスしろ（Miss 'em quick!）」です。

この言葉の意味をそのまま解釈すれば、「パッティングは、どんなに慎重にねらっても、ミスるときはミスるのさ。だから、どうせミスるなら、あっさり打ってミスしたほうがいい」となります。

でも、ほんとうの意味はそうではなく、「パッティングは、じっくり時間をかけて慎重に打つよりも、あっさり打ったほうがよく入る」ということのようです。

ボビー・ジョーンズも自著のなかで、「どうも私には、ラインをじっくり読めばその分だけ効果があるとは思えない。読めば読むほど、かえって入らないような気さえする」と書いています。たしかに、「ラインは第一印象がもっとも正確」というプロや上級者は多いようです。

プロや上級者でさえそうなのですから、アマチュア・ゴルファーが時間をかけたところで、いい結果が出るかはかなり怪しいもの。反対側から読む程度はいいとしても、あとはキャディとそれらしい会話を交わし、アドバイスされたとおりにサッと打ちましょう。

パッティングに関しては、仕草よりも時間をかけずに打つほうがスタイリッシュなのだと覚えてください。そのほうが、腕もスムーズに動いて思いどおりのパッティングができるうえ、スロープレーを防ぐこともできるのです。

**●カップから遠い人から先に打つことにこだわらない**

上手いゴルファーというのは、えてしてプレーのテンポがいいものです。それはグリーン上でも同じで、動きにムダがありません。そんなゴルファーが集まれば、組としても進行がスムーズになります。

グリーン上でプレーを効率よく進めるためのポイントの1つは、「カップから遠い人から先に打つ」というゴルフの原則にこだわらないことです。

たとえば、いちばん遠くにオンした人が準備に手間取っていたら、それより近い人が先に打ってもかまいません。また、これはビギナーにありがちですが、アプローチやバンカーショットでミスをして、グリーンの手前と奥を行ったり来たりしているような場合には、その人が移動しているあいだに、グリーンにオンした人がひと声かけて先にパッティングをするというやり方もあります(このときはだれかにピンを抜き差ししてもらう必要がありますが)。

こうすれば、何もせずに、ただ待っているだけの時間を減らすことができます。

# 自分の身長より短い距離のパットは自分で判断する

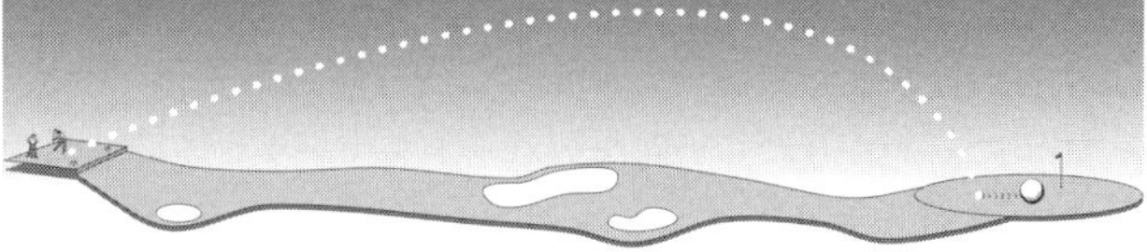

### ●カップの方向に正しく打つことが大原則

ラインについて、キャディにあれこれ聞くのは、研究熱心という印象を周囲に与えますし、的を射た質問をすれば、「ゴルフを理解している」ようにみせることもできます。しかし、それにも限度というものがあります。

「順目？　逆目？」「こっちからは速いの？」「これ、上り？下りか？」「どっちに曲がるの？」となんでもかんでもキャディにたずねる人を時折みかけます。しかもそういう人の多くが、答えを聞いたからといって、そのとおり打てるわけではないのです。

ほかのプレーヤーは、心のなかで、「つべこべいわずにさっさと打たんかい！」と叫んでいることでしょう。実際に打ってみると、まったくラインが違ったり、距離がぜんぜん合っていなかったりというケースはよくあります。

これと似たようなケースで、みっともないと思えるのが、どうみても曲がりそうもない短い距離のパットのラインをキャディにたずねることです。

カップに入れたい気持ちはわかりますが、ストレートのラインで距離の短いパットでは、「カップの方向に正しく打てるかどうかがすべて」といっていいでしょう（あまりに強すぎたり、弱すぎたりしたら別ですが)。

そこでどっちに曲がるかだの、速さはどうだとかたずねるのは、自分はゴルフを知らないと公言するようなもの。自分の身長より短い距離のパットは、自分で判断してパットするよう心がけましょう。

同様に、あまりに短い距離のパットをマークするのもスマートではありません。プレーが遅い組を遠くからみていると、カップ近くで全員が入れかわり立ちかわりマークをしています。それは、とても滑稽であるだけでなく、みている者をイライラさせます。

ですから、何度も外して気分転換をしたい場合などを除いては、40～50センチ程度のパットはマークをせずに続けて打つ習慣をつけることです。

**●自信がなければ「お先パット」は避ける**

カップから遠い人よりも先に、近い人が打つ際には、「お先に」と断ってからパットするのがマナーです。

ただし、です。条件ばかりつけて恐縮ですが、いわゆる「お先パット」は、自信がある場合にだけやったほうがいいという考え方もあります。

「お先に」と打って、そのパットが外れた場合、他人を待たせるだけでなく、同じラインを残している人が抱いていたパッティングのいいイメージを壊してしまうこともありうるからです。それに、踏まなくてもいいラインまで踏んでしまうことにもなります。

また、ゴルファーのなかには、お先パットをするにはすこし距離が長いかなと思えるパットでも先にやりがたる人がいます。そういうゴルファーの場合、「今日はあまりパッティングの調子がよくないから、これも入るかわからない。待っているあいだに悩むのはイヤだから、さっさと沈めて楽になりたい」という心理が働いているはずです。

しかし、そんな落ち着かない心理状態では、パッティングに集中することが難しいため、お先パットを外すどころか、さらにその**返しのパット***まで外してしまうことが多いもの。そうなると、カップの周りを踏みまくることにもなってしまうのです。

こうしてみると、短いパットは、入れる自信がある距離なら、遠い人から先に打つというゴルフの原則にこだわらずにお先パットをし、入れる自信がないときや、じっくりやりたいときには、近い距離でもいったんマークしてから打つ、という結論になるでしょう。

# 「OK」の上手な出し方・出され方

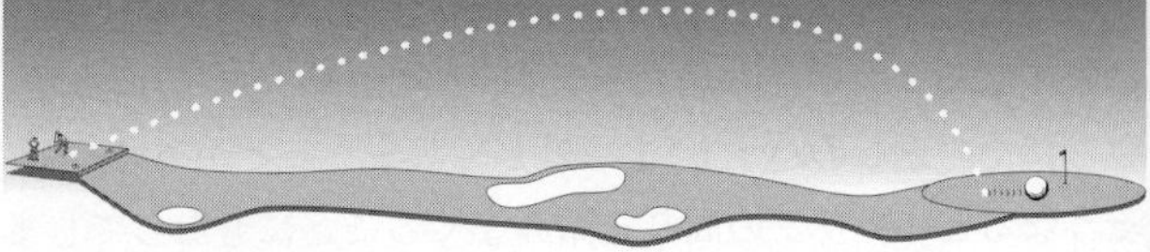

### ● OKは無理に出さなくてもいい

プライベートのゴルフやマッチプレー競技などでは、グリーン上で、ほかのプレーヤーや対戦相手のボールが次打でカップインすると思われる距離についたとき、「OK」といって次のパットを省略するケースがあります。ちなみに、欧米では「コンシード（concede）」といいます。

OKが勝負の駆け引きに使われるマッチプレー競技はさておき、プライベートのゴルフでOKを出すときには、２つの状況が考えられます。

１つは、ラインが平坦で距離も短く、だれが打っても入るだろうと思われるパットの場合。もう１つは、あまり上手ではない人がグリーン上で苦戦し、かつプレーの進行が遅れ気味のときに、入るかどうか微妙な、たとえば70～80センチのパットに対して、時間を短縮するために出す場合。後者のケースは、実際に打てば外す可能性も高いことから、お情けのOKといえるでしょう。

しかし、このOK、いざ使おうとすると、ほかにもいくつかの要素が絡んでくるために、ビギナーが使いこなすのは簡単ではありません。

短い距離であっても、下りだったり、曲がりが大きかったりするラインは、ワンパットで入れるのは難しいものです。イヤだなぁ、外しそうだなと思っている人にOKを出してあげれば喜びますが、「完全ホールアウト」（本来、ゴルフはそうなのですが）をポリシーにしている人にOKを出すと、むしろムッとされることもあります。

また、ふだんならあっさりOKを受け入れるゴルファーでも、このパットを入れればバーディーやイーグルというときには、どんなショートパットでも打ちたがるものですし、最終ホールでは、気分の問題なのでしょうが、きちんと最後までパットしてホールアウトするのが一般的です。

いっぽう、ビギナーのあなたに対しては、時間短縮だといわんばかりに1メートルのパットでもOKを出すのに、自分は50～60センチのパットでもじっくり時間をかける、というベテランゴルファーもいます。

かくのごとくOKの取り扱いは難しいもので、さらに、本書ではふれませんが、接待という要素が絡むと、ますます事態は複雑になります。

そこで提案です。どうしていいかわからないなら、必ずしもOKは出さなくていいと考えてください。相手にどんなに短いパットをさせたところで、それは失礼でもなんでもありません。それがゴルフだと思えばいいのです。

### ● OKを出されても自分が打ちたければ打つ

あなたがほかのプレーヤーからOKを出されたときも、その時点までによほどプレーが遅れていないかぎり、打ちたければ打ちましょう。

その際、「パッティングが下手なので、練習させてもらいます」とか、「すみません、打たせてもらいます」などとひと言断れば、失礼ではないでしょう。そうやってラウンドを重ねていけば、OKを使うコツがわかってきます。

OKを出されてボールを拾い上げる際には、ちょっとしたテクニックを使ってみてもいいでしょう。**ピンタイプ***や**マレットタイプ***など、フェースの後方にポケット（えぐれた部分）があるパターであれば、そこにボールをひっかけます。そして、ヘッドをもちあげる勢いでボールをスッと宙に浮かし、それを空いているほうの手でパシッとつかめれば、プレーしなれている雰囲気を醸し出すことができます。ただし、くれぐれもグリーン面を傷つけないようにするのが肝心です。

おっと、忘れていました。「OKでしょ？　こんなに短いんだから」などと、自分からOKを催促するのだけはやめましょう。これはあまりに見苦しい態度です。

まして、短いパットにOKを出してもらえず、そのパットを外したことで、OKを出さなかった相手に八つ当りするなどもってのほかです。そんなゴルファーにはけっしてなってはいけません。

ところで、ビギナーのなかには、OKという言葉についてとんでもない勘違いをしている人がいます。一緒にラウンドしている人に「OKだよ」といわれて、「ホントにいいんですか？　いやぁ、なんだか申し訳ないなぁ」などと、やたらと恐縮する人がいます。そう、前のパットで入ったことにしてもらえると勘違いしているのです。

説明するまでもありませんが、パットにOKを出すとは、すなわち「次のパットはカップインしたことにしていいよ」という意味。ですから、OKを出されたら、必ず1打プラスすることをお忘れなく。

# カップの周辺では細心の注意を払って動く

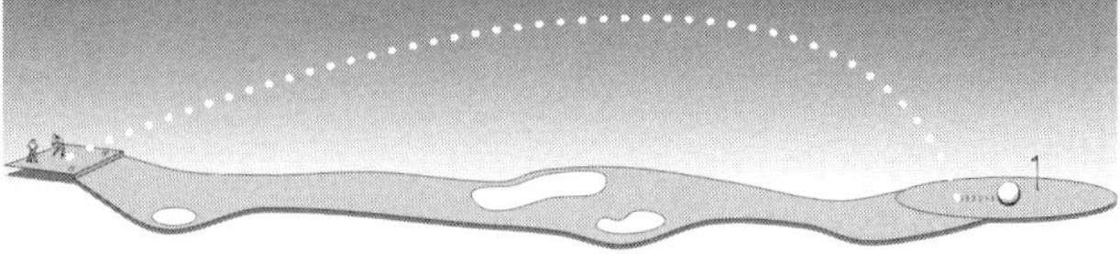

### ●カップの縁のすぐそばを踏まないように注意する

短い距離のパッティングに関しては、まだいくつか注意すべき点があります。

まず、短いパットを外して、カップの向こうにあるボールをかき寄せるようにカップインさせる動作です。アマチュアのゴルフでしばしばみられますが、これはルール違反ですから、2ペナルティがつきます。

また、他人のラインを踏んではいけないと気をつかうあまり、自分のラインまでまたいでパッティングした場合、これにも2ペナルティが加算されます。

そして、カップインしたボールを拾うときには、ティアップと同様、両ひざを折り曲げて股を開く「○ンチングスタイル」をとってはいけません。腰痛でもないかぎり、腰を折るだけでリズミカルに拾い上げます。その際、パターを杖のかわりにして体をもたせかけるのはダメ。グリーンを傷つけてしまうからです。

これはビギナー以外にも多いのですが、カップの縁のすぐそばを踏まないようにしましょう。プロのなかにも、カップのすぐ横に足をついてボールを拾う人がいますが、真似をしてはいけません。みんながカップの近くを踏むと、芝が荒れてしまい、後ろの組でプレーする人にアンフェアになってしまいます。

それ以前に、グリーン上でボールがイレギュラーに跳ねたら、ゴルフがおもしろくありません。せめて半径にしてカップ２つ分の円内には足をつかないでボールを拾うように心がけましょう。

ボールを拾ったあと、カップをまたぐのも避けましょう。カップのすぐ向こう側を踏んでしまうのと、これからパッティングをする人のラインをまたぐのを防ぐためです。

**●「クロスハンドグリップ」は上級者になってから**

最後に、打ち方について１つだけふれておきます。

パッティングのスタイルは、要するに入ればなんでもありなのですが、注意したいのが「クロスハンドグリップ」です。これは、通常のグリップが、ヘッドに近いほうから右手、左手の順に握るのに対して、その順序を逆にして握るグリップのことです（レフティの場合は逆）。

こうすることで、右手首の余計な動きを防ぐことができ、ストロークが安定するといわれるのですが、これはあくまでショートパット用に考案されたもので、ロングパットでこれをすると、ゴルフを知らない奴と思われてしまいます。

それに、クロスハンドは、ふつうのグリップで打って入らない上級者が、さんざん悩んだ末に取り入れるもの。ビギナーがいきなりやっても笑われるだけです。

# ほかのプレーヤーのホールアウトを見届けるのが礼儀

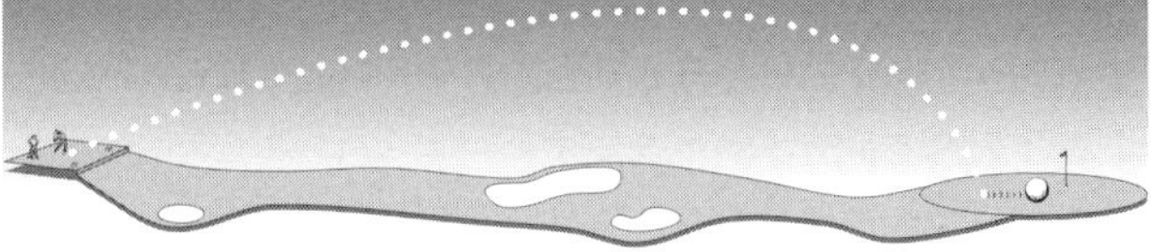

## ●グリーン上での練習パットは原則禁止

短いパットが決まり、ひと安心。やれやれとボールを拾い上げ、次のホールへ……。ちょっと待ってください。自分がホールアウトしたからといって、スタコラとグリーンを離れてはいけません。

コンペなどでは、初対面の人とプレーすることもめずらしくありませんが、そんな人のプレーも、ボールがカップに入るまで見届けるのが最低限のマナーです。

ビギナーのなかには、他人のプレーになんの関心も示さない人をしばしばみかけます。自分がプレーしているときだけON状態で、それ以外はOFF感が漂っているようなダラッとした態度はいただけません。上手い人というのは、他人がプレーしているときでも緊張感を保っているものです。

しかも、そういうビギナーにかぎって、自分の番になってはじめてラインを読みはじめるのです。マナーにきびしい人が一緒だったら、「いままで何をしていたんだ」とブーイングを浴びること必至です。

ほかのプレーヤーが、自分と同じような位置や方向からパッティングするのをみておけば、わざわざラインを読む必要はないし、それがいちばん確かな情報となります。時間を節約するためにも、同伴プレーヤーのパッティングはしっかりみておくことです。

ほかのプレーヤーがホールアウトしていないのに、グリーンの端のほうでボールを転がすのもいけません。競技会では、ホールアウトしたあとでも、グリーン上で練習パットをすると2ペナルティがつきます。

また、プライベートのラウンドでも、全員がホールアウトしたあとに、練習として一度くらい打たせてもらうのはいいとしても、それは後ろの組を待たせていないときだけにしましょう。

# 最初にホールアウトしたプレーヤーがピンをもつ

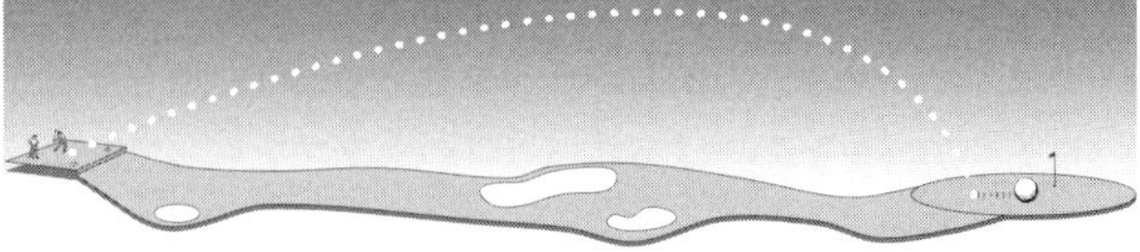

### ●ピンをもてばクラブがきれいになる!?

同じ組のなかで、もし、あなたが最初にホールアウトしたら、あなたには1つ仕事ができます。それは、ピンをもち、カップに差すことです。これは、セルフプレーであっても、キャディ同伴であっても同じです。

キャディがつく場合、お客さまにピンをもたせてはいけないと、ゴルフ場がきびしく教育しているのがふつうです。そのため、プレーヤーが「ピンをもつよ」といっても、「いえ、私がもちます」と譲らないキャディもいますが、たいていのキャディは喜ぶものです。

そうした客に、キャディは「やさしさ」よりも、「マナーのよさ」を感じることでしょう。

なぜ、キャディのかわりにピンをもってあげるのでしょうか。若くてかわいいキャディにやさしくすると、何かいいことがあるからでしょうか。

そうではありません。ベテランのおばさまキャディであっても、ピンはもってあげたほうがいいのです。その理由は、「風が吹けば桶屋が儲かる」ではありませんが、「ピンをもてばクラブがきれいになる」からです。

キャディがピンをもってカップに差す場合、キャディはプレーヤーからクラブを預かり、プレーヤーと一緒にカートまでもどり、クラブをキャディバッグにもどしてから、カートを次のホールのティインググラウンドに移動させます。この場合、キャディにゆとりはないといっていいでしょう。

では、プレーヤーの1人がピンをもってあげた場合はどうでしょうか。キャディはパター以外のクラブをもって、プレーヤーより先にカートまでもどることができます。そして、プレーヤーがパッティングをしているあいだに、汚れたクラブフェースを水で洗ったり、拭いたりすることができます。さらに時間があれば、キャディバッグのなかのクラブを番手順に整理してくれることもあります。

このため、コースのメンバーや、シングルハンディのプレーヤーなど、キャディの仕事を心得ている人は、進んでピンをもとうとするものです。「客にピンをもたせるなんて」と怒るゴルファーがいたとしたら、それはゴルフを知らない人だといえましょう。

ただし、お客が協力してくれて余裕があるのをいいことに、何もせずにブラブラしているキャディでは、残念ながらクラブはきれいになりません。そんなキャディには、お客であるあなたから、教育・指導してあげる必要があります。

**●ピンは必ずまっすぐ差す**

ピンの持ち方は、旗を下に向けて、手で旗がバタつかないようにします。旗がヒラヒラして、いまからパッティングしようとしているプレーヤーの邪魔をしないようにすることが大切です。

竿の部分を首の後ろに通して、両手を引っかけるようにする仕草は、いかにもリラックスしているようで余裕を感じさせます。ただ、力のあり余っている人は、ピンをねじ曲げてしまう恐れがあるのでやめておくのが無難です。

ピンをカップに差す際には、必ず両手でもち、まっすぐ上から差して、竿が斜めに傾かないように注意しましょう。斜めになっているピンに向かって打つのは、とても気持ちが悪いからです。差す際にはピンの先でカップ周りを傷つけないように気をつけます。

なお、2番目、3番目にホールアウトして、手持ち無沙汰のときには、ボールマークを直しておくのもいいでしょう（スパイク跡を直すのは全員のホールアウト後）。

また、後ろの組がグリーンがあくのを待っているのがわかったときには、グリーンを離れる際に片手を上げて合図をします。これには、「待たせて申し訳ない」「グリーンがあいた」という二重の意味が含まれます。

# スコアをつけるのはグリーンを離れてから

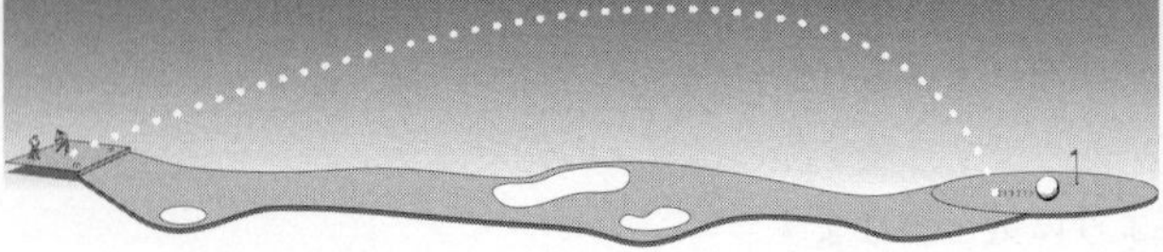


**●ホールアウト後はすばやくグリーンから離れる**

ピンをカップに差したあとも、気を抜いている暇はありません。すぐにグリーンから離れましょう。

というのも、全員がホールアウトしたのにグリーン周りでスコアを確認し記入しているのは、後ろの組にとってじつに迷惑だからです。気の短いゴルファーだと、おかまいなしに打ってくることもあります（ほんとうはいけないことですが）。

後ろから打ち込まれないにしても、ショットが曲がってボールがぶつかることも起こりうるので、ホールアウト後はできるだけ早くグリーンから離れることです。スコアを記入するのは、歩きながらか、次のホールのティインググラウンドに着いてからにします。

お互いのスコアを確認する際には、「田中、５でした」「太田、パーです」などと、自己申告しましょう。多く叩いてしまった場合は、なおさら自分からいうのが肝要。ほかの人は気をつかって聞きにくいからです。他人が申告したスコアを聞きもらさないようにすることも大切です。

自分からいいださない人には、「いくつでしたか？」と素直にたずねるか、だいたいのスコアを予想して、それより１打少なめにいってみるという手もあります。

次のホールの打順を決めるためにスコアを知りたいだけなら、前のホールで悪戦苦闘し、明らかにいちばんスコアの悪かった人にはあえてたずねる必要はないでしょう。

### ●スコアはいつからつければいいのか

ビギナーがいつからスコアをつけるかについては、２つの考え方があるようです。

１つは、「どんなに叩いても、スコアはつけたほうがいい。スコアに執着があるほうが上達も早い」という意見です。もう１つは、「最初はスコアを気にせず、伸び伸びプレーすればいい。スコアをつけるのは、たいていのホールで指を折らずに数えられるようになってから」というものです。

それとは別に、「200も叩く人間は、そもそもコースに出るべきではない。もっと練習してからにしてほしい」と主張する向きもあります。これはもっともな意見ではあるのですが、200叩いてもゴルフを楽しいと感じている人に、「コースに出るな」とはいいにくいものです。

本書としては、「前向きにゴルフをしようと思っているなら、スコアはつけたほうがいい」という立場をとりたいと思います。ゴルフがスポーツだとしたら、なんらかの記録を残さないとやりがいが感じられないからです（スコアを公表するかどうかは別です）。

ただし、ものごとには限度がありますから、だいたいのホールで「ダブルパー」くらいに収まるようになってきたら、つけはじめるようにしてはどうでしょう。そうなるまでは、コンペなどでどうしてもつけなくてはいけない場合を除いて、スコアは気にしつつも、スコアをつけることをせず、プレーに集中してください。

# ゴルフはじめて物語

ゴルフは長い伝統を誇るスポーツ。勉強して心を豊かにしましょう。

**◉ゴルフに関する最古の文献**

1457年、スコットランド王のジェームズⅡ世が発令した「ゴルフ禁止令」。ゴルフの発祥には諸説あるが、資料がないため断定はできない。「セント・アンドリュースで、羊飼いが木の棒で小石を打ち……」という話はあくまで俗説。

**◉世界最古のゴルフ倶楽部**

1744年、スコットランドのエジンバラに設立された「ジェントルメン・ゴルファーズ・オブ・リース」(のちに「オナラブル・カンパニー・オブ・エジンバラ・ゴルファーズ」と改称)。現在のルールの基礎となる13条からなる草案をつくった。

**◉世界最古のゴルフ選手権**

全英オープンゴルフ選手権。この大会がたんに「The Open」と呼ばれるのも、世界初であるがゆえ。第1回は1860年、出場者わずか8名によってプレストウィック(スコットランド)で開催され、ウィリー・パーク・シニアが優勝した。

**◉日本初のゴルフコース**

1901年、イギリス人のアーサー・ヘスケス・グルームが神戸の六甲山上に開設したコース(当初は4ホールのみ)。1903年に9ホールとなり、「神戸ゴルフ倶楽部」が発足。翌年には18ホールになった。

**◉日本初のプロゴルファー**

福井覚治(1893〜1930)。神戸生まれ。12歳でキャディになり、16歳のころにレッスンを開始。関西オープンの初代チャンピオン(1926年)。

**◉第1回日本オープンゴルフ選手権の優勝者**

赤星六郎(➲p.60参照)。1927年、程ヶ谷カントリー倶楽部(旧コース)で行われた第1回大会で、アマチュアながらプロに10打もの大差をつけて圧勝。日本オープンをアマチュアが制したのは、あとにも先にもこの人だけ。

# Chapter 8

# エクストラ｜編

# 八つ当りをするとすべての人を不愉快にする

**●結果が悪いときにどう耐えるか**

ゴルフには、やることなすこと上手くいかないときがあります。ナイスショットだと思ったら、飛びすぎて池に入ってしまったり、ディボット跡に入っていたり……。それでフテ腐れていると、調子そのものがおかしくなってきます。

そんなときは、現実を受けとめ、冷静に対処しなければなりません。芝生や木にあたってはいけません。クラブを放り投げるのもダメ。自分のせいではないのに結果が悪いときに、どう耐えるかがゴルフなのです。

フテ腐れたり、ものにあたったりする人のなかには、「自分でキレてるだけだ。人にあたっているわけじゃない」という人がいます。「だから、マナー違反はしていない」といいたいのでしょうが、残念ながらそれは違います。

一緒にプレーしているのが、親兄弟、あるいは親友なら、「アホ、ボケ」といいあえますが、そうでなければ周りは気まずくなるだけです。相手が目上の人なら、そうした態度は失礼ですし、下の人であれば必要以上に気をつかわせることになります。自分勝手な理屈は通りません。人間性を試されると同時に、鍛錬の場になってしまうのがゴルフなのです。

## ●プロでもミスするのは当たり前

「私はあらかじめ、1ラウンドに、必ず3つや4つのミスはつきものだと覚悟している。だからミスをしてもクサらないのさ」

これは、ウォルター・ヘーゲンの自伝のなかの有名な言葉です。もちろん、トッププロとアマチュア・ゴルファーでは、ミスの度合いが違うでしょう。でも、プロでもミスをせずにプレーするのは不可能なのに、アマチュアがミスしてキレたり、キャディに八つ当りしては、お前は何様だということになります。

スコアが悪いと機嫌が悪くなる傾向は、上手い人ほど強いようです。でも、考えてみれば、これはずいぶん傲慢な話です。人間ですから、ミスをすれば、カーッとなったり、落ち込んだりするのは当たり前。引きずるのもしかたないでしょうが、それは自分の内側だけにとどめておいて、外見は何ごともなかったように、悠々とプレーすることが大切です。

倶楽部のオフィシャル・**ハンディキャップ***は、スコアだけで決まるわけではありません。とくにシングルになる際の審査はシビアで、品位が問われます。ハンディを取得するには、倶楽部主催の競技会に出場して一定枚数以上のスコアカードを提出する必要があるため、同じような腕前のメンバーや「ハンディキャップ委員」なる人とラウンドする機会が多くなります。

そのとき、ミスをしてクラブを放り投げたりすれば、腕前はシングルでも、実際のハンディは10どまりというケースもありうるのです。ハンディを取得するためにマナーを守るのでは本末転倒ですが、ゴルファーにとって、マナーは腕前以上に重視されることを覚えておきましょう。

# キャディの言葉はあくまで助言にすぎないと心得る

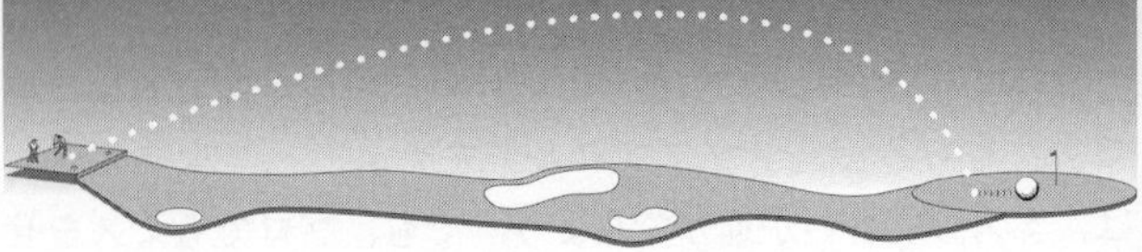

**●ゴルフのミスはすべて自分に責任がある**

八つ当りに関していえば、ミスしたゴルファーがいちばんあたりがちなのがキャディです。たとえば、ロストボールをしてしまったとき、それをキャディだけのせいにするのはよくありません。

たしかに、ボールの行方をきちんとみていなかったのならキャディにも非はありますが、きちんとみていてもみつからないことはあります。ロストボールの最大の原因は、ゴルファーのミスショットなのです。

スコットランドでは、「ロストボールもゴルフのうち」というのが一般的な考え方です。「ここは日本だ」と反論される向きには、「ゴルフはスコットランドで生まれたスポーツで、そのスポーツを好き好んでやっているのはあなたです」という言葉を贈りたいと思います。

キャディから聞いたグリーンまでの距離がまちがっていたとしても、「距離が違うじゃないか！」とキャディにあたってはいけません。この場合にも、キャディにはいくらかの非はありますが、キャディの言葉は「助言」であって、「命令」や「指示」ではないのです。

助言を聞いて、自分の目でみて、どのクラブを使うかを決めるのはあなた自身です。その助言が的確でなかったからといって、怒ってもみっともないだけ。最初の2、3ホールでアドバイスを受けてみて、キャディのいうことが頼りにならないと思ったら、あとは聞かなければいいだけです。

**●上級者がキャディに望むのはたった2つだけ**

グリーン上で、キャディから、ラインについて「順目で速いですよ」といわれて打ったものの、それほど転がらなかったとします。

そんなときには、「意外と重かったね」などとトボけてみせましょう。スタイリッシュ・ゴルファーたる者、それくらいの余裕をもちあわせておくべきです。

ただし、キャディの態度やミスが目に余るようなら、コースに報告する必要があるでしょう。きちんといわなければ、改善される可能性はゼロですから。

シングルハンディの上級者がキャディに望むのは、「ボールの行方をよくみること」と「残りの距離を正確に判断すること」の2つだけといわれます。キャディにすれば仕事の数は減りますが、1つの仕事に対する要求レベルは高くなるといえましょう。

逆にいえば、この2つがしっかりできれば、あとはそれなりでいいのかもしれません。日本中のキャディが、この2つのスキルに磨きをかけてくれることを望みます。

# 「たらればｊや「自慢話」は だれも聞いていない

**●「惜しかった」のも「誇らしい」のも自分だけ**

「あのOBがなければ80台だった」「ディボット跡に入っていなかったら、いいショットが打てたのに」など、ラウンドのあとで“たられば”の話をするゴルファーは少なくありません。人間ですから、そう思うのはしかたがないでしょう。

でも、それを他人に話すのは野暮というものです。当人にすれば惜しかったのでしょうが、他人には惜しくもなんともないからです。「惜しかったね」と同情してくれる人もいるかもしれませんが、本心は、「それが実力なんだよ」と思っていることでしょう。

“たられば”話も、かたちを変えた言い訳だといえます。こうした言い訳は、自己のベストスコアを更新できそうだったのに、1つミスをしたためにできなかったときに口に出すことが多いようです。気持ちはわかりますが、ほんとうに実力があれば、ミスをしても、ほかでカバーして自己ベストを更新しているはずです。

自慢話も聞くに堪えません。アマチュア・ゴルファーが自慢しがちな対象としては、道具、名門コースでのプレー、プロゴルファーや著名人とのラウンドなどがあります。

たとえば、「ドライバーを買ったんだ。限定モデルだよ」

と自慢する人に対して、周りは、「お前にそれが使いこなせるのか？」と思っていることが多いものです。あるいは、「よかったよ、あのコース」と誇らし気にいう人は、「あなたの腕でわかるのは昼飯の良し悪しだけだ」と思われていることでしょう。

「○○とラウンドしてきたよ」などと有名人とのプレーを自慢する人も少なくありませんが、これも聞いているほうは、「だからなんなの？」と思っていることが多いもの。相手が興味を示さなければ、それ以上話すのはやめることです。

### ●二日酔いや寝不足自慢のゴルファーをこらしめる法

ビギナーがよくやりがちなのが、アイアンの飛距離自慢です。ドライバーの飛距離を自慢するのはご愛嬌ですが、「僕は5番アイアンで200ヤードは飛ぶ」などと自慢するのはバカ丸出しです。アイアンは飛距離ではなく、正確性が勝負だからです。

自慢に関してもう1ついうと、朝コースに着いて、顔を合わせたとたん、「いやぁ、ゆうべ2時まで飲んじゃったよ」（注＝こういう人は酒気帯び運転の疑いがあります）とか「3時間しか寝てないんだ」などと、二日酔いや寝不足を得意げに、しかもうれしそうに話す人がいますが（じつは、スコアが悪かった場合に備えての言い訳なのかもしれませんが）、あれはリアクションに困ります。

そんな人には、「知ってる？　日本のゴルフコースじゃ毎年30人ものゴルファーが、心筋梗塞なんかで突然死してるんだって。このあいだも、この近くのコースで……」などと、データを織り交ぜながら説明して脅してやりましょう。すぐにおとなしくなるはずです。

# 河川敷のゴルフがゴルファーを鍛え上げる

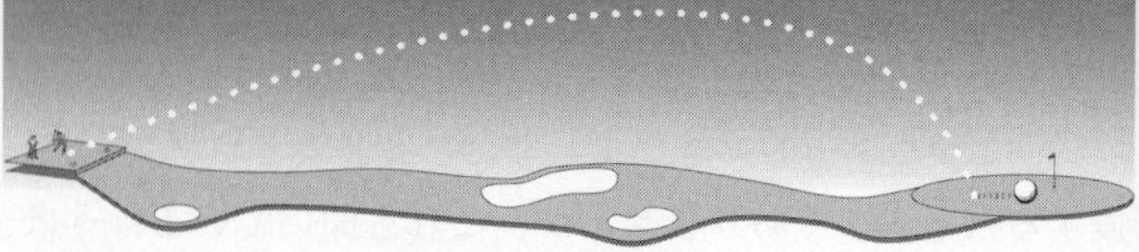

### ●河川敷コースはバカにできない

はじめて100を切ったと報告し、「やったな」と喜んでくれた知人が、河川敷のゴルフコースだったと知ったとたん、「なんだ、河川敷か」という反応を返すことがあります。

日本ではどうも河川敷のコースは低くみられる傾向があるようですが、青木功プロが「全英オープンに出るなら、日本の河川敷コースで練習したほうがいい」と力説したことでもわかるように、なかなかどうしてバカにできません。

たしかに河川敷は、距離が短めだったり、ほとんどアップダウンがなかったりと、おもしろみに欠ける部分もあります。しかし、冬は強い風が吹き、ゴルファーに試練を与えます。また、台風などで冠水しないようにグリーンを砲台型にしているコースが多く、手前から転がってたまたまオンした、というケースは稀です。その意味で、河川敷はアプローチの技を磨くには最適といえます。

さらに、河川敷でのプレーは、ビギナーがコースでの動き方をマスターするのにうってつけです。河川敷コースは、手引きカートでのセルフプレーが一般的で、すべて自分1人でやらなければならないため、要領が悪いと仲間からどんどん遅れてしまいます。そんなときには、キャディのありがたさが身にしみることでしょう。

### ●河川敷のゴルフで人脈を広げる

余談ですが、週末は名門と呼ばれるようなコースでプレーする人が、練習場に行くような気軽さで、平日に河川敷でラウンドしているケースが少なくないようです。そうした"河川敷セレブ"と顔見知りになり、名門コースに誘われたという経験をもつ人もいます。

すこし下世話な話ですが、河川敷でのプレーによって人脈が広がり、メンバーの紹介がないとなかなかプレーできない名門コースでプレーできるというわけです。もちろん、それを目当てに河川敷に行っても、空振りに終わる確率のほうが高いと思いますが、河川敷のゴルフもバカにしたものではないことがおわかりいただけるでしょう。

河川敷にかぎらず、体育会ゴルフ部の学生たちの日ごろのプレースタイルというのは、ゴルフウェアのままコースにやってきて、クルマのトランクに積んであるシューズに履き替え、プレー後はシャワーを浴びずに帰るというのが一般的です（じつはプロゴルファーもあまり風呂には入りません）。

これは、クラブハウスを使わずに料金を安く抑える（もちろんコースと交渉のうえです）のが目的ですが、本来、ゴルフはそれほどカジュアルなスポーツなのです。海外の名門コースのなかには、掘っ建て小屋に毛の生えたようなクラブハウスしかないところもあります。

あなたが社会人なら、せっかく風呂に入れるのですから、汗くさい体のまま帰ることもないと思いますが、こうした気軽さもゴルフのもつ魅力だといえます。ただし、守るべきマナーはどのコースに行っても同じだと心得ておきましょう。

# 「和製ゴルフ英語」だと理解したうえで使いこなす

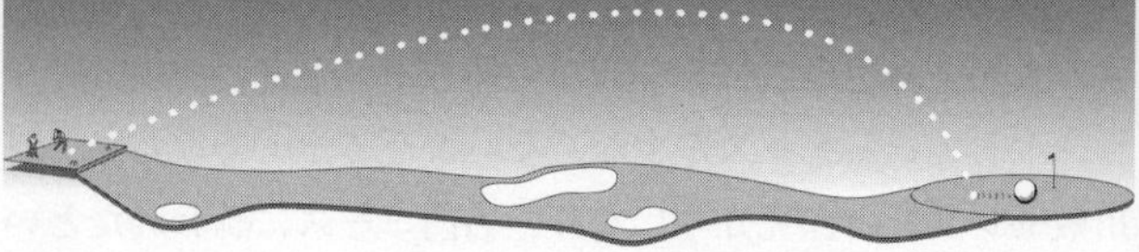

**●「ミドルホール」も「アドレス」も欧米では通用しない**

ゴルフのキャリアを重ね、知識も徐々にふえていくうちに、「そうだったのか！」と愕然（というのは大げさかもしれませんが）とするのが、和製ゴルフ英語の多さです。多くのゴルフエッセイストや評論家諸氏がそれぞれの著書のなかで、そのインチキぶりを嘆いておられます。

以下は、和製ゴルフ英語の一例です（「→」のあとは正しい用語）。

・ミドルホール　→　パー４
・パートナー　→　同伴競技者
・クロス（フェアウェイ、ガード）バンカー　→　バンカー
・ミスショット　→　ミスヒット
・ワンパット　→　ワンストローク
・ニアピン　→　ニアレスト・ザ・ピン
・ティグラウンド　→　ティインググラウンド
・アドレス　→　ポスチャー
・カップイン　→　ホール
・パーオン、ナイスオン　→　オン
・６インチリプレース　→　６インチプレース

これをみておわかりだと思いますが、日本のゴルファーが

使っている言葉の多くは、欧米では通用しないのです。

スタイリッシュ・ゴルファーをめざすあなたとしては、どんな言葉を使うべきなのでしょうか。理想をいえば、「すべてアメリカまたはイギリスの表現をマスターする」あるいは「日本語を多用し、正しい英語と合わせて使う」のどちらかでしょう。

しかし、実践するのはなかなか難しいかもしれません。まず、最初の方法ですが、「3パット」も「4パット」もダメとなると、これはあまりに窮屈です。それに、ほかのプレーヤーが和製ゴルフ英語を使っているのをいちいち注意していてはゴルフになりません。

「シングルは『独身者』という意味だよ。それをいうなら、『シングル・ハンディキャッパー』だ」などといったら、キザな奴だと思われてゴルフに誘われなくなるのがオチです。

2つ目の方法も、英語の使用が禁止され、ストライクを「よし」、ボールを「だめ」、アウトを「それまで」と呼んでいた戦時中の野球を彷彿とさせるようで堅苦しいですし、口に出す前に、いちいち「これはOK、これはダメ」などと考えていては、ゴルフどころではなくなってしまいます。

### ●英語の誤用だけは避けるべし

では、いったいどうすればいいのでしょうか。

そもそも、相撲や柔道などを除けば、ほとんどのスポーツは舶来です。それらのスポーツに関する和製英語が生まれるのは、それだけその競技が愛され、市民権を得ている証左だといえましょう。

野球における「ナイター」は、ナイトゲームというより雰囲気が出ていますし、「サヨナラホームラン」もとても響きのいい言葉で、メジャーリーグには逆輸入してすぐにでも使ってほしいくらいです。

本場から正しく輸入した言葉でも、厳密に考えれば、カタカナに置き換えた時点で、すでに本場では通用しない発音になってしまっているともいえます。

ですから、ゴルフ用語に関しても、すでにゴルファーのあいだで市民権を得ている言葉は、ふつうに使ってもいいのではないでしょうか。「いや、自分は使わない」とおっしゃる向きは、みずから実践することで範を示すのはいいですが、他人が使っても目くじらを立てないほうがいいでしょう。

ただ、１つ注意したいのは、造語はまだいいとしても、英語を誤用するのはいただけません。たとえば、他人のボールより遠くに飛ばすことを「アウトドライブ」といいますが、日本のゴルファーのなかには、「オーバードライブ」という人がかなりの高率でいます。これは、「酷使する、働かせすぎる」というまったく別の言葉で、あまりに恥ずかしい誤りといえます。

また、「スリーサム」という言葉は、本来の意味は、「１人対２人でプレーし、両チームともそれぞれ１個の球をプレーする試合形式」ですが、日本では「３人でラウンドする」という意味に使われてしまっています（ちなみに、「ツーサム」という言葉は英語には存在しません）。こうした誤用だけはしないように心がけましょう。

また、これから世界に打って出ようという若者や、世界を股にかける（古い言い方ですね）ビジネスマン、海外でプレーする機会が多い人などは、ふだんから本場でも通用する用語を使う癖をつけるべきなのはいうまでもありません。

# ゴルフはデートには向かない!?

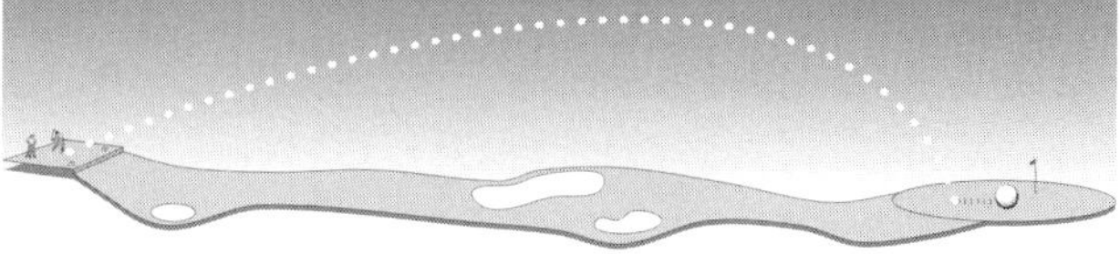

## ●夫婦でゴルフをすると仲が悪くなる!?

仲がいい人とやるほうがゴルフも楽しいと考えがちですが、一緒にゴルフをする関係として、必ずしもいいとは限らないのが、じつは夫婦です。

これは、2人でやったら出費が倍になるという経済的な事情のほかに、いやおうなしに本性がむき出しになってしまうゴルフをしたばっかりに、上手くいっていた関係がぎくしゃくしてしまうケースが少なくないからです。とくに男性は注意しなければなりません。

夫婦でゴルフをする場合、夫のほうがキャリアが長く、妻があとから始めるケースが多いと思いますが、妻のほうが腕を上げ、夫を脅かす存在になると、不機嫌になってしまう男性が少なからずいます。

妻ばかりいいショットが出て、自分の調子が悪いときも同様です。そんなとき、妻がミスをして谷底にボールを落とそうものなら、その背中に向けて「地獄へ落ちろ」などとつぶやいているかもしれません（男の嫉妬は醜いものですね）。そういう雰囲気を妻が感じ取れば、仲が悪くなるのは必定です。

また、夫が妻にレッスンをするのにもトラブルはつきまといます。妻がミスをしても、最初のうちは笑いとばしていた夫も、同じミスを何度もくりかえすうちに（それがゴルフというスポーツなのですが）、「さっきこうやって打てといっただろ」と怒りだし、それに対して妻が、「だって、できないんだから、しょうがないじゃない」とやり返す……。そう、ケンカが始まってしまうのです。

かといって、ミスを重ねる妻に対して夫が何もいわないと、あとになって、「ぜんぜん教えてくれなかった」「じゃあ、聞けばよかっただろ」「だって、聞いたら悪いと思ったから聞けなかった」と、これまたケンカになります。

こうしてみると、ゴルフはデートには不向きなスポーツだといえます。もしも結婚前に、彼女からゴルフに誘われたとしたら、あなたの男性としての度量を試そうとしているのです。彼女と幸せになりたかったら、ゴルフにいっしょに行かないのも１つの方法かもしれません。

**●「あくまで楽しく」がゴルフデートのポイント**

ここまで読んでも、女性とゴルフデートをしたいという男性のために、ポイントをいくつかお教えしましょう。

当たり前ですが、彼女はこの期におよんでいきなり上手くはなりません。その日の調子を受けとめてあげることが大切で、スイングについてあれこれいうのはやめましょう。

プレーの進行に関しても、彼女のペースを把握し、周りの様子をみながら、さり気なくエスコートしてあげましょう。ゆっくりプレーできるときはいいのですが、後ろが詰まってきたとき、「ちょっと急ごうか」などというと、いっぱいいっぱいでプレーしている彼女は、ますます焦ってしまいます。

そんなときには、「もういいんじゃない？　ここから打っておこうか」と意見を聞きつつ、リードしましょう。「もう無理だから、ここから打てよ」などと命令口調でいうと、彼女がしょげてしまいますから注意します。ときどきはクラブをもってあげることも必要かもしれません。あくまで楽しくゴルフをすることを心がけてください。

そして、女性には、「自分のことは自分でやるのがゴルフの基本」という言葉を贈りたいと思います。ゴルフコースで、一部の女性タレントが芸風にしているように、猫撫で声で甘えたり、尊大な態度で男性をこき使ったりしてはダメ。また、女性はグリーン上で足を引きずるという初歩的なミスをしがちですから気をつけましょう。

すでにゴルフを始めてしまったご夫婦は、一緒に行くのはやめたほうが無難かも。ただ、年輩の夫婦がお互いにそれなりの腕前で一緒にプレーしている姿には微笑ましいものがあります（お互いの胸の内はわかりませんが）。やるからには、そんな夫婦をめざして、心技ともに精進してください。

# ゴルフには地位や立場を持ち込まない

**●無関係なゴルファーを接待に巻き込むべからず**

最近の若いビジネスマンがゴルフをしないのは、「職場の関係がそのままコースに持ち込まれるのを嫌うためだ」といわれます。職場では、「私、ゴルフはしないんです」と公言しつつ、じつは学生時代の仲間とコースに出かけている人も少なからず存在します。

たしかに、日本の社会では、ゴルフがスポーツ以上の意味をもち、同じ社内でもだれとゴルフに行くかで派閥が決まるような例もあります。また、あえて説明するまでもなく、ゴルフは接待に格好の舞台といえます。

そうした類のゴルフの善悪について論じるのは、本書の趣旨から外れるため避けるとして、いわゆる立場やお互いの関係を表に出したゴルフをする方に１つだけ伝えたいことがあります。

それは、接待ゴルフをするのはいいけれど、それなりに環境を整えてやるべきであって、無関係なほかのゴルファーを巻き込むべきではないということです。

たとえば、１つの組のなかで全員が利害関係によって結ばれているなら、なんの遠慮もいりません。大いにもちあげ、ほめちぎればいいでしょう。

## ●接待ゴルフで注意すべきこと

しかし、利害関係のない人が１人でもいるなら、特定の１人に対してだけでなく、自分以外のすべてのプレーヤーに配慮すべきです。

これは、上司や取引先と一緒にいると、その人がこの世でいちばん偉い人だと思い込み、その人物が道を歩けば、ほかの人間のことなど目に入らず、堂々と道の真ん中を進んでしまうような傲慢かつ視野の狭い態度と似たようなものです。あるいは、人目も気にせず（目に入らず）いちゃついているカップルと同じだといえましょう。

同様に、２人だけにしかわからない会話をして楽しんでいるのも、ほかのプレーヤーは仲間外れにされたようで、とても不愉快なものです。

ですから、顧客や上役を気持ちよくさせたいのなら、自分たちだけで１組つくり、自分たちだけでプレーすることです。そして、クラブハウスにもどれば第三者もいるのですから、振る舞い方に気を配ることが大切です。それができないなら、ゴルフを接待に利用すべきではないでしょう。

本来、スポーツであるゴルフは、フラットな関係で楽しむべきものなのですから。

●おわりに

# 日本のゴルフはもっと「軽」でいい

かつて、イギリスのある新聞に、「ゴルフを悪くしたのはアメリカ人だが、それを最悪にしたのは日本人だ」という記事が書かれたことがあります。日本では、接待や投機目的の会員権売買がゴルフにダーティーなイメージを与え、スポーツらしさを奪ってしまいました。そのために権威とお金が前面に出すぎてしまったのです。

また、ゴルフには、前時代的ともいうべき閉鎖的な空気も残っています。日本で名門クラブと呼ばれるコースのなかには、女性が会員になることは認めても、プレーは平日のみで、週末は禁止しているところがあります。ほかにこんな弊習が残っているのは、女性が土俵に上がれない大相撲くらいでしょうか。

数年前、マスターズトーナメントが開催されるアメリカ・ジョージア州の「オーガスタナショナルゴルフクラブ」でも、いまだに女性の入会を認めていないことからひと騒動ありました。

これは極端な例だとしても、名門と呼ばれるコースほど、利用客を見下しているようなフシがあります。接客業としては、ゴルフコースの職員というのはかなり高慢な部類に入るでしょう。ビギナーであれば、まずあの雰囲気に圧倒されるはずです。

彼らにすれば、おそらく、「ウチのコースは会員制。ビジターであるあなたは、プレーできるだけでもありがたく思いなさい」というのが言い分なのでしょう。でも、料金を払っている以上、客であることに変わりはないはずです。

それに、ビジターがプレーするのがそんなに気に入らないなら、いっさいプレーさせなければいいのです（これをすると、営業面で打撃を受けるコースがほとんどでしょう）。「客を神さまだと思え」とまではいいませんが、もっとサービスを提供する意識があってしかるべきだと思います。

いっぽう、日本のゴルフには、新たな動きもみられます。兵庫県のあるコースでは、職員全員がファストフードの店員よろしく、「いらっしゃいませー！」と笑顔で客を迎え、家族でプレーできるコースとして人気を博しています。

プエルトリコ出身のプロゴルファー、チチ・ロドリゲスはいいました。「この世には、下手でも楽しめるものが２つある。それは……ゴルフとセックスさ」と。ちょっと下品かもしれませんが、日本のゴルフには、こういう軽さがもっと必要なのではないでしょうか。「軽薄」ではなく、「軽快」「手軽」「気軽」の「軽」です。

文中でふざけたような物言いを多用したのも（それでもゴルフの精神は穢していないつもりです）、ゴルフをいまの「重」から「軽」に近づけたいがためです。そうなれば、ゴルフに対する悪者のイメージは薄れ、若者をはじめ、もっと多くの人が楽しめるスポーツに変わっていくはずです。

ただ、自由には責任がともなうように、そうした「軽」のゴルフを実践するにあたっては、ゴルフの本質を知り、その精神に反しない行動をとらなければなりません。そこで必要なのがルールであり、マナーやエチケットなのです。

＊

ゴルフのルールブック（ゴルフ規則）には、用語の定義やルールよりも前に、エチケットすなわちコースでの礼儀作法についての説明があります。本文でふれたマナーやエチケットのなかには、その説明をより具体的にして、本書流に書き換えたものも少なくありません。

ルールブックをおもちの方は、わずか6ページですから、エチケットの項を真っ先に読むことをおすすめします。そこに書いてあることを実践するだけでも、コースでの動き方がスムーズになり、ほかのプレーヤーに迷惑をかけることもなくなるはずです。

ゴルフのプレー同様、マナーやエチケットもまた、実地に勝る勉強はありません。積極的にラウンドをして、マナーやエチケット、粋な振る舞いを学びましょう。その際、積極的にアドバイスしてくれる人、できることなら、親身になってくれるだけでなく、人間として尊敬できる人をみつけ、手本にするといいでしょう。

いくらゴルフが上手くても、「他人には興味がない」とばかりに何も教えようとしない人とは、少なくともビギナーのうちはあまりプレーをしないほうがいいかもしれません。

スタイリッシュなゴルファーとは、いったいどんなゴルファーなのか。それは技術の優劣にかかわらず、ゴルフの本質を理解しているゴルファーといえます。つまり、「あの人はゴルフをよく知っている」といわれる人のことです。それはまた、ゴルファーにとって最大のほめ言葉なのです。

本書を手にとってくださったみなさんが、練習のみならず、マナーやエチケットの習得に励み、外見だけでない、真にスタイリッシュなゴルファーになられることを願ってやみません。

著者

## 用語解説

**【パブリックコース】**
会員制（メンバーシップ）のコースに対し、プレーするのに特に資格を問われないコースのこと。「早朝プレー」など、当日の先着順にプレーできるコースも多い。

**【ビジター】**
会員制のコースで、メンバー以外のプレーヤーに対する呼称。会員にくらべ、当然、プレーフィー（料金）は高く、ビジターだけではプレーを許可しないコースも多い。

**【アルバトロス】**
ロングホール（パー5）を、2打でホールアウトすること。「ダブルイーグル」ともいう。

**【ロストボール】**
①プレー中にボールを紛失する行為。「ロストした」ともいう。②コースの池や山のなかから回収、二次利用されるボール。ゴルフショップなどで廉価で販売される。銘柄はバラバラが基本だが、同一銘柄をパックにして販売してくれるうれしい店もある。

**【OB】**
「アウト・オブ・バウンズ」の略で、本来プレーしていいと定められた区域外のエリア。白杭で区切られていて、ここからボールが出たら1打加えて打ち直さなければならない（つまり、ティショットがOBなら、打ち直しは第3打）。

**【ボールマーク】**
グリーンにボールが落下するときにできる穴。ピッチマークともいう。ある程度遠くからオンさせないとできないため、これができれば上達した証拠。

**【ソール】**
①底面。②クラブの底面を地面につけること。

**【セルフプレー】**
キャディをつけず、プレーヤーだけでラウンドすること。キャディの人件費の分だけプレー料金を低く抑えられる。河川敷コースや学生ゴルフは以前からこれが当たり前だったが、近年、乗用カートなどの普及により、日本でも導入するコースがふえている。

**【イーグル】**
1ホールの標準スコアである「パー」に対し、それより2打少なくホールアウトすること。1打少ないのを「バーディー」、逆にパーより1打多くなるごとに、「ボギー」「ダブルボギー」「トリプルボギー」といい、最後の2つは、「ダボ」「トリ」と略すことも。

**【2グリーン】**
芝の品質管理の都合上、1つのホールにグリーンが2つあること。日本特有の仕組みといわれ、競技者には逃げ場が広くなることから、近年、ワングリーンへの改造もさかん。

**【ハーフラウンド】**
18ホールの半分である9ホールをプレーすること。「ワンハーフまわったよ」といえば、1.5ラウンドの意味。

**【コンペ】**
「コンペティション」の略。競技会。たいていプライベートの競技会を指し、公式競技には使わないのがふつう。

**【誤球】**
ほかのプレーヤーのボールや、コース上に落ちていたボールなどを打ってしまうこと。「誤球のプレー」「誤球した」などと使う。誤球に気づいた場合、そのボールでプレーした回数はカウントせずに2ペナルティを加え、最初に誤球でプレーした地点にもどって本来のボールで打ち直すのが正しい処置。

**【オナー（honor）】**
ティインググラウンドから最初にプレーする権利のこと。「あなたにはオナーがある」が本来の使い方だが、実際には「あなたがオナーですよ」と使うことが多い。

**【アウトコース／インコース】**
前者は1番ホールから9番ホール、後者は10番ホールから18番ホールを指す。アメリカではアウトを「フロントナイン」、インを「バックナイン」といい、日本でも定着しつつある。必ずしもアウトコースからプレーするとは限らないため、注意が必要。

**【ギャラリー】**
競技の観客のこと。ただし、マスターズトーナメントにかぎっては、「パトロン」と呼ぶ。

**【ダフる】**
ボールの手前の地面を打ってしまうこと。名詞形は「ダフり」。

**【アドレス】**
足場を決め、クラブをかまえること。「アドレスする」「アドレスに入る」などと使う。欧米では「ポスチャー」と呼ぶ。

**【グリップ】**
①ゴルフクラブの握りの部分。②クラブを握る行為または握り方。両手の指の組み合わせ方によって、インターロッキンググリップ、オーバーラッピンググリップ、ベースボールグリップなどのバリエーションがある。

**【2クラブレングス】**
文字どおり「クラブ2本分の長さ」のこと。ルールによる救済措置で、ボールを動かす場合などに、その距離の目安として使われる。もっとも長いクラブであるドライバーを使うのが一般的。

**【トップ】**
①ダフりの反対。ボールの上っ面を叩いてしまうこと。②「トップ・オブ・スイング」の略。スイングの折り返し地点。

**【ウォーターハザード】**
コース内にある海や湖、池、川、溝、排水路など（水が入っているかどうかは関係ない）。黄色の杭で表示され、ここに入った場合は、①1打を加えてもとの位置から打つか、②ボールがウォーターハザードの境界線を越えた地点と、ホールを結んだ後方線上（いくら下がってもよい）から打つ。水のなかのボールをそのまま打てば無罰だが、アドレスでクラブが水にふれたら2ペナルティ。

**【レギュラーティ】**

一般男性ゴルファー用のティインググラウンド。「白ティ」または、たんに「白」ともいう。女性用のレディスティはこれよりも前にあり、「フロントティ」「赤ティ」ともいう。このほか、70歳以上向けの「ゴールドティ」、レギュラーティより後方にある上級者向けの「バックティ」(「チャンピオンティ」「青ティ」ともいう)、さらにプロなどのための「フルバックティ」(黒) などがある。

**【ショートホール】**

標準打数 (パー) が3のホールを指し、「パースリーホール」「パースリー」とも呼ぶ。また、パーが4のホールは「パーフォー」「ミドルホール」(ただし和製英語)、パーが5のホールを「パーファイブ」「ロングホール」という。ちなみに「ショートコース」というと、短いホールばかり集めたゴルフ場 (9ホールのみが多い) の意味になるので使い分けに注意。

**【ドッグレッグ】**

読んで字のごとく、「犬の足」のように、ホールが途中から左右に折れ曲がっていること。たとえば、左に曲がっていれば、「左にドッグレッグしている」または「左ドッグ」などという。

**【突き抜ける】**

ドッグレッグしているホールなどで、まっすぐ飛んだものの、飛距離が出すぎてフェアウェイをオーバーし、ラフやバンカーに入ってしまうこと。それがOBになったときには、かなり悲しい。

**【グリーンエッジ】**

グリーンを囲むドーナツ状の部分。芝はグリーン面よりやや長く、幅は30センチ程度。「カラー」または「エプロン」などとも呼ぶ。ここにボールが止まっても、マークはできないので要注意。

**【ベント芝】**

グリーン面に使うのに理想的な葉の細い芝。高温多湿の地域では管理が難しいため、葉先が広く暑さに強い、日本特有の「高麗芝」がグリーンに使われているコースも多い。

**【担ぎ】**

カート類をいっさい使わず、自分自身でキャディバッグを担ぎ、歩いてラウンドすること。学生ゴルフの一般的なプレースタイル。

**【ライ】**

ボールが止まっている地面の状態。「ライの状態」という表現は、本来、「馬から落馬」的な表現だが、ふつうに使われる。

**【シャンク】**

「ソケット」「シャンキング」「ソケッティング」ともいう。アイアンショットで、ボールがフェースではなくヘッドの根元のふくらみ (ネック) に当たり、右斜め前あるいは真横に飛び出す。このミスが出るようになれば一人前といわれる。原因は100以上あるといわれ、有効な治療法はないというやっかいな病気。

**【ひっかけ】**

右打ちのゴルファーが、左方向に鋭く曲げてしまうこと (レフティはその逆)。

**【ドロップ】**

①打ち直しや救済措置を受ける際に、ボールをプレース(置く)するかわりに落とすこと。ボールをもった腕を、肩の高さで正面に伸ばし、ポトリと落とす。②フライヤー(➡ p.96 参照)。

**【セント・アンドリュース】**

スコットランドの首都エディンバラの北東約50キロにあるリンクス(海沿いの砂丘にできたゴルフコース)。400年以上の歴史をもつオールドコースでは、数年に一度全英オープンが開催される。ゴルファーなら一度は訪れたい"聖地"だが、エントリーするのが世界一難しいパブリックコースでもある。

**【ワッグル】**

アドレスに入ったあと、上半身の力みをとるために、グリップしたまま手首を軽く動かすこと。あまり多くやりすぎると、スロープレーにつながり、ほかのプレーヤーをイライラさせることにもなる。

**【濡れタオル】**

キャディ付きの場合にはもつ必要はないが、セルフプレーの場合には、プレーヤーのなかのだれか1人がグリーンまでもっていかなければならない。

**【立ちにくい】**

アドレスで方向を定めにくいこと。地面が傾斜していたり、ドッグレッグしていたり、木がせり出していたりすると「立ちにくい」。

**【目土】**

ディボット跡に入れる土。土といいながら、なぜか砂。

**【スタンス】**

スイングの足場。ボールが飛んでいく線と平行に構えるのを「スクエアスタンス」、閉じ気味(背中が目標に向く)を「クローズド～」、開き気味になるのを「オープン～」とそれぞれ呼ぶ。

**【返しのパット】**

強く打ちすぎてカップをオーバーしてしまったとき、次のパットをこう呼ぶ。

**【ピンタイプ/マレットタイプ】**

それぞれパターの代表的な形の1つ。ピンとは、アメリカのクラブメーカーのことで、後者は「カマボコ型」とも呼ばれる。ただ、最近では、これらを組み合わせたものも多いことから、明確に分けるのは難しい。

**【ハンディキャップ(HDCP)】**

①実力の異なるプレーヤーどうしが、理論上、対等にプレーできるよう、力の劣るプレーヤーのスコアから差し引く数字のこと。「ハンディ」と略すことが多い。倶楽部が厳密な基準から決める「オフィシャル」と、仲間のあいだで決める「プライベート」がある。当然少ないほうが腕前は上で、オフィシャルハンディが1桁=シングルは、多くのアマチュアにとってあこがれ。②ホールの難易度を示す数値。スコアカードに書かれていて、そのホールが「HDCP 1」なら、18ホール中でもっとも難しいことを意味する。

## ●参考文献———

『王者のゴルフ』夏坂健著（日本ヴォーグ＆スポーツマガジン社）
『風の男　白洲次郎』青柳恵介著（新潮社）
『JGA ゴルフ規則　2005 年版』（財団法人日本ゴルフ協会）
『ゴルフ人生はアドリブ』金田武明著（同朋舎）
『ゴルフ大全』マイケル・ホッブス編、夏坂健訳（ゴルフダイジェスト社）
『ゴルフの英語』織家肇著（南雲堂）
『ザ エンサイクロペディア オブ ゴルフ』マルコム・キャンベル著、塩谷紘訳（新星出版社）
『ピーターたちのゴルフマナー』鈴木康之著（ゴルフダイジェスト社）
『不滅のゴルフ名言集』摂津茂和著（ベースボール・マガジン社）

【著者略歴】
魚住　了（うおずみ・りょう）
1967年生まれ。大学卒業後、大手ゴルフ用品メーカーに勤務。その後、ゴルフライターに転身し、雑誌やホームページに記事を執筆。国内のプロトーナメントを取材するほか、アマチュア・ゴルファーの実態を観察。日々、マナーやエチケットの研究を続けている。ゴルフの腕前は、「ハーフは30台でまわれても、1ラウンドでは80を切れない」程度。

●装　幀——一瀬錠二（Art of NOISE）
●装画・本文イラスト——あべゆきえ
●編集協力——月岡廣吉郎

コースで恥をかかないための
スタイリッシュ・ゴルフ　マナー&ルール読本

2005年5月2日　第1版第1刷発行

著　者◎魚住　了
発行者◎江口克彦
発行所◎PHP研究所
東京本部　〒102-8331　千代田区三番町3番地10
生活文化出版部　☎03-3239-6227（編集）
普及一部　☎03-3239-6233（販売）
京都本部　〒601-8411　京都市南区西九条北ノ内町11
PHP INTERFACE　http://www.php.co.jp/
印刷所◎図書印刷株式会社
製本所◎株式会社大進堂


ISBN4-569-64278-0